Wolfgang Schneider
Anleitung zum Faulsein

SERIE PIPER

Zu diesem Buch

Charlie Chaplin, Albert Einstein, Bertolt Brecht und George Gershwin – sie alle waren große Faulpelze. In der Schule haben sie versagt, und doch kennt jeder ihre Namen. Vielleicht war ja gerade ihre Faulheit die Basis ihres Weltruhms? Auch die größten Dichter und Denker wären nie auf die Idee gekommen, ihr Heil nun ausgerechnet in jener termingeplagten Hektik zu suchen, die heute angeblich den Tüchtigen auszeichnet. »Einsamkeit und Faulheit liebkosen die Phantasie«, hat schon Dostojewskij erkannt. Hier ist nun das Handbuch für all jene, die besser leben wollen: die Anleitung zum Faulsein. In ihr finden Sie nicht nur die zentralen literarischen und philosophischen Texte zum Thema sowie eine außergewöhnliche Sammlung von Sprichwörtern und Kuriositäten. Mit Fakten erschüttert dieses Buch auch den Glauben an die Betriebsamkeit, mit der es gar nicht so weit her ist. Oder wußten Sie, daß die fleißige Biene gerade mal zwanzig Prozent ihrer Lebenszeit mit Arbeit verbringt?

Wolfgang Schneider, geboren 1938, gestorben 2003, war von Hause aus Journalist, Diplomhistoriker und Kulturwissenschaftler. Er veröffentlichte zahlreiche kulturwissenschaftliche Bücher, unter anderem die Begleitbücher zur ARD-Serie über den Nationalsozialismus und die Apokalypse Vietnam. Bekannt wurde er durch seine Bücher »Die neue Spur des Bernsteinzimmers«, »Alltag unter Hitler« und »Frauen unterm Hakenkreuz«.

Wolfgang Schneider
Anleitung zum Faulsein

Eine Enzyklopädie

Mit 11 Abbildungen

Piper München Zürich

Die Familie des Autors und der Verlag Eichborn Berlin bedanken sich bei Rüdiger Dammann, ohne den die Fertigstellung von »Anleitung zum Faulsein« nicht denkbar gewesen wäre.

FSC

Dieses Taschenbuch wurde auf FSC-zertifiziertem Papier gedruckt. FSC (Forest Stewardship Council) ist eine nichtstaatliche, gemeinnützige Organisation, die sich für eine ökologische und sozialverantwortliche Nutzung der Wälder unserer Erde einsetzt (vgl. Logo auf der Umschlagrückseite).

Ungekürzte Taschenbuchausgabe
Piper Verlag GmbH, München
1. Auflage Juli 2005
2. Auflage März 2006

Umschlag / Bildredaktion: Büro Hamburg
Heike Dehning, Charlotte Wippermann,
Alke Bücking, Kathrin Hilse
Foto Umschlagvorderseite: Quint Buchholz
Papier: Munken Print von Arctic Paper Munkedals AB, Schweden
Druck und Bindung: Clausen & Bosse, Leck
Printed in Germany
ISBN-13: 978-3-492-24372-8
ISBN-10: 3-492-24372-X

www.piper.de

Inhalt

Müßiggänger

Teil 2 – Lob des Müßiggangs

Glücksstifter

Sinnspender

Teil 3 – Anleitung zum Faulsein

Anhang

Da ist was faul

Kurze Geschichte einer langen Verwirrung

Eigentlich bin ich ganz anders,
nur komm' ich so selten dazu.
Ödön von Horváth, 1901–1938

Faul, träge, langsam, zu nichts nutze – wer wollte sich mit derartigen Attributen beschimpfen, an den Pranger stellen, brandmarken, ja, vernichten lassen? Der Untätige ist im Räderwerk unserer hektischen Betriebsamkeit nicht nur ein Sandkorn im ansonsten gutgeschmierten Getriebe, er ist Provokation, Bedrohung, er ist der Feind. Entsprechend gilt, wer nicht arbeitet, keinen Zweck verfolgt und keine Werte schafft, buchstäblich als wertlos. Und zwar nicht erst in unseren rasanten Tagen, sondern schon seit alters her – und also wohl zu Recht: »Wer nicht arbeitet«, so ermahnte bereits Paulus in seinem zweiten Thessalonicherbrief die allzu Passiven, »soll auch nicht essen.« Und die Faulheit, die hier mit apostolischer Autorität gegeißelt wird, ist nicht etwa nur ein läßliches Vergehen gegen die Gemeinschaft der Fleißigen, keine Abweichung, welche die Regel bestätigt; nein, sie ist moralisch verwerflich, eine lasterhafte Todsünde – *Acedia* genannt –, sie ist Trägheit des Herzens, Trübung des Willens, Verfinsterung des Gemüts, gezielte Abkehr von Gott. Der Faule macht sich schuldig, an sich selbst wie an allen anderen, er gibt seine Würde preis und darf nicht einmal mehr auf Gnade hoffen, weder von seinen Mitmenschen noch und schon gar nicht von seinem Schöpfer. Da er sich um nichts »verdient« macht, verdient er auch nichts. Basta!

Daß der Müßiggang darüber hinaus auch aller anderen Laster Anfang ist, weiß nicht nur der Volksmund, das wußte auch schon der Großdenker Immanuel Kant, als er unter »den drei Lastern: Faulheit, Feigheit und Falschheit« das erste zum »verächtlichsten« erkor. Auch wenn Kant in seinem Urteil wahrlich keiner Zustimmung bedurfte, hätte er durch seinen im Denken annähernd großen Zeitgenossen David Hume Bestätigung finden können, der sogar noch eine Schippe drauflegte: »Beinahe alle moralischen und natürlichen Übel des menschlichen Lebens entspringen aus der Trägheit«, notierte der englische Aufklärer urteilssicher und gab damit – im Chor mit vielen weiteren namhaften Faulheitsächtern – den Ton vor, der uns bis heute in den Ohren klingt und der immer wieder aufs neue angestimmt wird. Von Eltern, von Lehrern, von Arbeitgebern, von Haushaltspolitikern und, nicht zuletzt, von Regierungschefs – etwa wenn sich die in der Arbeitslosenstatistik spiegelnde Realität einer sich wandelnden Arbeitsgesellschaft ihren Wünschen und Vorgaben gegenüber beleidigend indifferent, ja, geradezu unbotmäßig verhält. Wieso liegen so viele Menschen auf der faulen Haut, anstatt einer ordentlichen Arbeit nachzugehen?

Nun gut, die Antwort hierauf muß heutzutage sicher differenziert ausfallen; das weiß jeder. Es mag durchaus Umstände geben – jedenfalls legt eine anhaltend hohe Arbeitslosenquote diesen Verdacht nahe –, durch die der eine oder andere unverschuldet ins Nichtstun gerät, obwohl er weiterhin mittun wollte. Zugegeben. Und dennoch bleibt die Untätigkeit ein nicht hinnehmbarer Skandal. »Niemand hat ein Recht auf Faulheit«, mahnte deshalb endlich einmal ein deutscher Bundeskanzler vor nicht allzu langer Zeit und drohte den Tatlosen mutig mit Sanktionen, wenn sie nicht endlich die Ärmel hochkrempeln und mit anpacken würden. Immerhin stand (und steht) es nicht zum besten in diesem Land, weshalb jede und jeder gefordert sei, sein Scherflein beizutragen, um den Karren aus dem Dreck zu ziehen und die Krise endlich zu meistern; außerdem drohte die Wiederwahl jenes Kanzlers damals in Gefahr zu geraten, wenn die Menschen nicht endlich einlösten, was er ihnen vor der Wahl versprochen hatte. Aber letzteres sei hier nur nebenbei bemerkt, denn selbstverständlich war dem höchsten Verantwortungsträger uneingeschränkt beizupflichten. Er sprach schließlich nicht nur allen Tatmenschen aus dem Herzen, sondern hätte sich – wie wir gesehen haben – auf eine lange, ehrwürdige Tradition des zweifellos vernünftigen Kampfes *gegen* die Faulheit berufen können. Aber das war natürlich gar nicht nötig, liegt doch die Wahrheit für jeden Rechtschaffenen und Einsichtigen offen zutage. Nur entschlossenes Tun kann alles zum Besseren wenden.

Oder doch nicht? Irgend etwas ist hier faul. Das spürt man zumindest intuitiv: »Ora et labora«, beten und arbeiten – oder statt beten wahlweise konsumieren oder joggen oder fernsehen –, schön und gut. Aber das kann doch unmöglich alles sein. Ist es auch nicht! Wenngleich das Wissen darum in der sogenannten Arbeitsgesellschaft unter all dem fleißig erzeugten Plunder verschüttet zu werden droht, gibt es eine zweite, noch weiter zurückreichende, äußerst vielfältige, mindestens ebenso gut beleumdete Tradition eines überzeugend begründeten Kampfes *für* die Faulheit. Erinnert sei an den antiken Helden des Verzichts Diogenes (um 412 bis 323 v. Chr.), der nach der Überlieferung in einem Faß wohnte, um sich, frei von äußerem Besitz und jedweder Tätigkeit, in reiner Muße zu veredeln, und der, von Alexander dem Großen mitleidig nach seinen Wünschen befragt, lediglich geantwortet haben soll: »Geh mir aus der Sonne!« Erinnert sei deswegen daran, weil die schöne Anekdote beispielhaft ist: Diogenes war vielleicht ein Kauz, obzwar ein überaus kluger, aber man kann ihn ganz sicher nicht als so eine Art griechischen Punker bezeichnen, der sich demonstrativ gegen die Normen seiner Gesellschaft abzusetzen trachtete. Im Gegenteil, in seiner Haltung, seinen Einstellungen und Verhaltensweisen – nicht unbedingt in seinem spezifischen Lebensstil – entsprach er dem damaligen common sense.

Ja! Im antiken Griechenland, der Wiege unserer Kultur

und Zivilisation, galt die Muße – so Sokrates – als Schwester der Freiheit, war der Müßiggang – nennen wir ihn ruhig »Faulheit« – des Lebens Zweck und Ziel. Nur in mußevoller, durch keinerlei notwendige Verrichtung gestörter Kontemplation könne sich der Mensch zu einem geistigen, religiösen und politischen Wesen entwickeln, während man sich einer Arbeit wirklich nur dann hingeben sollte, wenn es die existentielle Not erfordere, da jede körperliche Tätigkeit den Geist abstumpfe und den Charakter verderbe: »Arbeit und Tugend«, so bringt es Aristoteles apodiktisch auf den Punkt, »schließen einander aus« – weshalb man, was immer getan werden muß, möglichst den Sklaven, Frauen und Ausländern überlassen solle.

Nun ist einzuräumen, daß diese letzte, quasi-feudale Schlußfolgerung aus heutiger Sicht politisch nicht ganz korrekt erscheint, doch sollten wir hier großzügig darüber hinwegsehen und uns auf das Wesentliche konzentrieren: Nicht Faulheit, Muße, Müßiggang – so läßt sich schlußfolgern – sind das Unnatürliche, Abartige, Gottlose, Entmenschlichende, sondern deren Widerpart, die Arbeit. Und um das zu bestätigen, wollen wir uns, aus Sorge vor subversiven Folgen, besser nicht selbst befragen; es reicht schon hin, die sprachlichen Wurzeln der Arbeit freizulegen. In allen europäischen Sprachen leitet sich das Wort »Arbeit« aus Mühsal, Plage, Qual und Not ab. Das altgriechische *ponos* steht für Pein und Leid, das lateinische *labor* für Armut und Krankheit; das französische *travail* hat seinen Ursprung im römischen *tripalium*, einem »Dreiphal«, der ursprünglich zur Bändigung von Pferden und später der Folter diente, und das russische *rabot* verweist geradezu wieder auf die Antike, weil es von *rab*, der Sklave, herzuleiten ist.

Na bitte! In dieser Wortgeschichte ist doch die ganze Wahrheit aufgehoben, die wir immer schon ahnen, die wir nicht selten spüren und an der manche von uns sogar zugrunde gehen, weil wir uns unermüdlich rackernd gegen sie immun zu machen versuchen. Sind wir denn noch bei Sinnen? Dabei könnten wir es ja besser wissen. Denn jene »Wahrheit« wurde nicht nur von griechischen und römischen Philosophen erdacht, sie verbirgt sich nicht nur in der Etymologie, sondern sie offenbart sich auch – der oben aus dem Neuen Testament zitierten Ermahnung von Paulus zum Trotz – in der Bibel, dem doch zweifellos wichtigsten Gründungsdokument der christlich-abendländischen Zivilisation. Zwar wird der Mensch aus dem Paradies (der Faulheit) vertrieben, um, als Strafe für den Sündenfall, sein Brot fortan im Schweiße seines Angesichts zu verdienen, aber Gottgefallen und Seelenheil lassen sich gewiß nicht durch Arbeit erringen, von der im Alten wie im Neuen Testament kaum je die Rede ist. Das Nichtstun scheint in dieser Hinsicht eindeutig erfolgversprechender, worauf Jesus in seiner Bergpredigt ausdrücklich hinweist: »Sehet die Lilien auf dem Felde, wie sie wachsen; sie arbeiten nicht, auch spinnen sie nicht, und doch sage ich Euch, daß Salomo in all seiner Pracht nicht herrlicher gekleidet war.«

Kurzum, durch die griechische und römische Antike hindurch bis weit ins christliche Mittelalter hinein war die Faulheit kein Makel, sondern ein Privileg – sowie ein Lebensideal, für dessen Verwirklichung die Arbeit ein Hindernis darstellte. Jede Betätigung war Mittel zum Zweck der Muße, den Beruf als Berufung gab es nicht; der Arbeitsrhythmus wurde von den Jahreszeiten bestimmt, die Arbeitsintensität durch die Erfordernisse der Subsistenz; Reichtum war kein Schaffensziel im irdischen Jammertal, weil der christlichen Vorstellung zufolge wohl eher »ein Kamel durch ein Nadelöhr als ein Reicher in den Himmel« kommen würde. Zu diesem Himmel aber wollte man unbedingt Zutritt erhalten, weil dort, im Jenseits, endlich das »eigentliche« Leben beginnen würde, zu dem man im Diesseits so selten gekommen war. »Genaugenommen«, so beschrieb Jonathan Swift einmal diese Haltung, »leben sehr wenige Menschen in der Gegenwart. Die meisten bereiten sich vor, demnächst zu leben.«

Das Gefühl, eigentlich ein anderer zu sein – anders leben, es langsamer angehen, mehr genießen, sich mal etwas gönnen, fünf gerade sein lassen, Zwänge und Pflichten abwerfen zu wollen –, nur irgendwie in der Prosa des Alltags nicht recht dazu zu kommen, hat sich wohl bis heute durchgehalten. Dieses Andere, Eigentliche jedoch wurde in dem Maße immer stärker ins Reich des reinen Phantasie- und Wunschdenkens, der Imagination, verbannt, wie die allgemeine Wertschätzung, die man der Faulheit einst entgegenbrachte, zerschmolz und sich schließlich in ihr Gegenteil verkehrte. Und das verdanken wir – nicht ausschließlich, aber in maßgeblicher Weise – einem Tatmenschen, der zu Beginn des 16. Jahrhunderts auf den Plan trat und nicht nur die Kirche, sondern das gesamte gesellschaftliche Leben »reformieren« sollte. Für den Augustinermönch Martin Luther war die innere Einstellung des einzelnen, die »Tatgesinnung« das ausschlaggebende Kriterium für ein gottgefälliges Leben. Gebet und Kirchgang blieben zwar weiterhin religiöse Pflichtübungen, das Gute aber würde sich nicht darin, sondern erst im Handeln und Tun offenbaren: Das gesamte Leben, so könnte man sagen, wurde nun zu einem Gottesdienst.

Ganz in diesem Geiste erfuhr dann auch die Arbeit eine folgenschwere Aufwertung. Sie wurde zur Berufung. In seinen Untersuchungen zur protestantischen Ethik hat der Soziologe Max Weber erhellend beschrieben, wie einschneidend sich dieser von Martin Luther in Gang gesetzte Wandel ausgewirkt hat – und wie aus ihm schließlich der Kapitalismus hervorgegangen ist. Schon immer verrichtete, weil notwendige Tätigkeiten, die bis dahin als »sittlich indifferent wie Essen und Trinken« angesehen wurden, erscheinen nunmehr als eine von Gott auferlegte, heilige Pflicht, während der Müßiggang zur »Sünde wider Gottes Gebot« erklärt wird. Und dieses »Programm« überschrieb nun, um es kurz zu machen, alle bisherigen Konditionierungen. Die »heilige Pflicht« wurde als protestantische Arbeitsethik verinnerlicht und verhärtete sich zu einem »stahlharten Gehäuse« – so Max Weber –, das das Leben in feste Regeln, Pflichten und Gewißheiten einschloß – und aus dem es im übrigen auch in der sogenannten Freizeit kein Entrinnen gibt. »Arbeit ist des Bürgers Zierde, / Segen ist der Mühe Preis« – so brachte Friedrich Schiller diese Haltung in seinem »Lied von der Glocke« auf eine kurze Formel.

Eine Rekapitulation all der weiteren grundstürzenden Veränderungen, die sich daraufhin seit der Reformation in der Arbeitswelt ereignet und damit auch unser Verhältnis zum Gegenteil der Arbeit, zum Nichtstun, geprägt haben – Einführung der Lohnarbeit, Entsinnlichung, Zergliederung, Formalisierung, Vergeldlichung –, möchte ich mir und meinen Lesern hier ersparen. Wie die ganze Geschichte ausgegangen ist, sollte ja hinlänglich bekannt sein. Wir stecken noch mittendrin: Für die meisten Erwachsenen heutzutage ist die Arbeit das Wichtigste im Leben, wenn nicht gar das Leben an sich. Nicht mehr die Arbeit gilt als Fluch, sondern das Nichtstun, insbesondere wenn es als »Arbeitslosigkeit« etikettiert wird.

Arbeit, so hat es die deutsche Philosophin Hannah Arendt in ihrem Buch »Vita activa« einmal beschrieben, ist eine menschliche Bedingtheit: Nur sie sichere »das Am-Leben-Bleiben des Individuums und das Weiterleben der Gattung«. Die Arbeit, im Altertum noch als sklavisch verachtet, weil sie durch die Notwendigkeiten des Lebens und die Notdurft des Körpers erzwungen – und also das Gegenteil von Freiheit – ist, erfuhr in der Neuzeit eine dramatische Aufwertung und wurde geradezu zur höchstgeschätzten aller Fähigkeiten erklärt: John Locke feierte sie als Quelle des Eigentums, Adam Smith hat in ihr den Ursprung des Reichtums ermittelt, und –

ausgerechnet – Karl Marx setzte ihr dann endgültig die Krone auf, indem er sie zur Quelle aller Produktivität und zum Ausdruck der Menschlichkeit des Menschen selbst ernannte, zu seiner weltbildenden Fähigkeit. Zwischen Arbeit und Gott ist hier kaum noch ein Unterschied auszumachen: Erst durch Arbeit erschafft der Mensch sich gewissermaßen selbst.

Große Worte, tiefe Gedanken, über die sich trefflich philosophieren ließe, die ich aber statt dessen lieber in kleinere umtauschen möchte. Anstatt die Arbeit heiligzusprechen, sollte man sie lieber auf dem Feld, in der Fabrik oder im Büro belassen. Sicher, zu arbeiten, etwas anzubauen oder herzustellen, eine Dienstleistung zu erbringen, sind die Grundaktivitäten jeder Ökonomie und damit auch die Voraussetzung jeder Form der Vergesellschaftung. Die Arbeit entscheidet über Ein- und Auskommen, über Lebenschancen und gesellschaftliche Beteiligungsmöglichkeiten jedes einzelnen sowie auch über die Gestaltungs- und Handlungsoptionen des sich primär über Abgaben auf Arbeitseinkommen finanzierenden Staates. Die Gestaltung der Arbeitswelt ist daher zweifellos von elementarer Bedeutung für die Lebensqualität einer Gesellschaft.

Mit allem einverstanden? Nicht wirklich, oder? Denn hier ist doch schon wieder etwas faul. Wofür ist die Arbeit von »elementarer Bedeutung«? Was in aller Welt soll denn das sein: Lebensqualität? Arbeitsplatzsicherheit? Ergonomie? Hygiene? Betriebskindergärten? Ja, wenn man einmal die Muße fände, darüber nachzudenken! Nur wann? Das Leben ist kurz, und es ist die letzte Gelegenheit. Auch Martin Luther wurde nur 63 Jahre alt, und es ist anzunehmen, daß er weder viel geschlafen noch geruht hat. Also, bloß keine Zeit verlieren!

Wenn man aber doch einmal innehalten würde, könnte einem vielleicht wieder in den Sinn kommen, daß die Arbeit ein (Lebens-)Mittel ist, kein (Lebens-)Zweck. Sie sollte nicht selbst zum Bedürfnis werden – was nicht bedeutet, daß sie nicht angenehm, spannend, herausfordernd, befriedigend, sinnstiftend sein darf –, sondern die Befriedigung von Bedürfnissen ermöglichen. Um aber herauszufinden, welche das in welcher Rangfolge sein mögen, und um daraufhin das Wechselspiel von An- und Entspannung richtig dosieren zu können, bedarf es einer aktiven, bewußten Muße. Man muß ja nicht gleich wie Gontscharovs »Oblomov« bis zum Ende seiner Tage im Bett bleiben, die hektischen Zeiten gelassen an sich vorüberziehen lassen und die Faulheit als Lebenssinn entdecken.

Es ist aber – nach allem Hin und Her in diesen einleitenden Passagen – durchaus angemessen und angebracht, angesichts der modernen Hypertrophie der Arbeit und Geschäftigkeit an den nahezu in Vergessenheit geratenen Sinn und Nutzen der Faulheit zu erinnern. Denn so verwirrend die von Widersprüchen durchwobene Geschichte ihrer Wert- und Geringschätzung auch sein mag, so erscheint doch eines gewiß: Der oben mit dem Satz »Niemand hat ein Recht auf Faulheit« zitierte Kanzler irrte. Selbstverständlich gibt es ein Recht auf Faulheit. Nur darf der Faule deshalb nicht auf das Wohlwollen seiner aktiveren Mitmenschen hoffen, die ihm entweder sein glückliches Nichtstun mißgönnen oder sich von dem »Schmarotzer« ausgenutzt fühlen. Vielleicht gibt es jedoch angesichts zunehmender Hektik und ausuferndem Leistungsdruck demnächst sogar ein Pflichtquantum an Müßiggang. Denn »was uns bevorsteht«, so prophezeite schon die bereits zitierte Hannah Arendt, »ist die Aussicht auf eine Arbeitsgesellschaft, der die Arbeit ausgegangen ist, also die einzige Tätigkeit, auf die sie sich noch versteht. Was könnte verhängnisvoller sein?«

Höchste Zeit also, aus der vermeintlichen Not einen Lebensgewinn zu machen und sich daran zu erinnern, daß der Müßiggang keineswegs nur aller Laster, sondern auch aller Tugenden Anfang ist. Schon Friedrich Nietzsche wußte:

»Aus Mangel an Ruhe läuft unsere Zivilisation in eine neue Barbarei [...]. Es gehört deshalb zu den notwendigen Korrekturen, welche man am Charakter der Menschen vornehmen muß, das beschauliche Element in großem Maße zu verstärken.« Um solche Korrekturen vorzunehmen, täte jeder gut daran, sich hin und wieder lustvoll der Faulheit zu ergeben – und sich möglicherweise währenddessen an der Geschichte der Muße und der Müßiggänger zu vergnügen. Mit einem guten Buch zum Beispiel.

Dieser Band will eben hierzu einladen. Er enthält die meines Wissens bisher vielgestaltigste Sammlung zum Thema Faulheit. Beschränkten sich andere Publikationen bislang weitestgehend auf anthologische Textzusammenschnitte oder schmalgefächerte Einzeldarstellungen oder vermeintlich zum Glück ertüchtigende Ratgeberprosa, so nimmt dieses Buch für sich in Anspruch, all dies zu bündeln, durch die Einbeziehung von Randbereichen zu erweitern und sich so im besten Sinne des Wortes enzyklopädisch zu präsentieren. (Vor dem Weiterlesen sei jedoch unbedingt eine Pause empfohlen.)

Teil 1

Die Faulheit: Tugend oder Laster?

Arbeit und Tugend schließen einander aus.
Aristoteles, 384–322 v. Chr.

Ein Tag ohne Arbeit würde mir wie Diebstahl vorkommen.
Louis Pasteur, 1822–1895

Sehend unter Blinden

Zwischen Aristoteles und Louis Pasteur, zwischen Diogenes und Gerhard Schröder, zwischen dem »faulen Neger« und dem »fleißigen Japaner« erstreckt sich das Spektrum dessen, was über Faulheit und Arbeitsamkeit gedacht wird. Und nicht nur gedacht. Da zwischen den Polen kaum eine Vermittlung möglich erscheint, fühlten und fühlen sich die Aktiven – und nur diese – stets herausgefordert, die Passiven eines Besseren zu belehren. In der Wahl ihrer Mittel waren und sind sie dabei nur selten zimperlich.

»Making the lazy nigger work«: Unter diesem Banner marschierten beispielsweise die kolonialen Truppen nach Afrika, und die Klage vom »faulen Neger« gehört noch heute zum Repertoire fast aller weißen Experten. Hatte Papst Urban II. einst (1095) zum Kreuzzug gegen die Ungläubigen im Heiligen Land aufgerufen, so rüsteten später (im 19. Jahrhundert) Männer wie Cecil Rhodes zum Kreuzzug gegen den gottlosen Müßiggang der Schwarzen im dunklen Kontinent: »Es ist unsere heilige Pflicht als Regierung, diese Kinder aus Faulheit und Müßiggang herauszuholen«, damit sie endlich die »Würde der Arbeit erkennen«. Und so geschah es, wenn auch mit unbefriedigendem Ausgang.

Zwangsarbeit, Arbeitshäuser, die Enteignung des Bodens und seiner Schätze, die Zerstörung sozialer Zusammenhänge, die Instrumentalisierung des Körpers, die Implantierung eines rigiden Zeitregimes sowie die Erziehung zu Ordnung, Pünktlichkeit, Gehorsam und Schnelligkeit – das waren nicht nur die Zutaten des kolonialen Großversuchs, die Schwarzen zum Evangelium der Arbeit zu bekehren, das waren auch schon die Imperative, mit denen die Arbeitsgesellschaft einst in Europa durchgesetzt worden war. Die Afrikaner sollten und sollen nachholen, was wir bereits erlitten hatten. Wo kämen wir denn da hin, wenn die Schwarzen – wie ja jeder weiß – weiterhin faul im Schatten herumliegen und eine geradezu antike Arbeitseinstellung an den Tag legen, während wir uns buchstäblich krank schuften?

Dieses Projekt, obzwar seine Instrumente mit der Zeit immer stärker verfeinert worden sind, muß jedoch als gescheitert angesehen werden. Eine afrikanische Arbeitsgesellschaft, die der unseren vergleichbar wäre, hat es nicht hervorgebracht (wohl aber die Rückkehr zu einem subsistenten Alltag und damit die Möglichkeit, sich selbst zu ernähren, nachhaltig versperrt). Wir müssen wohl zur Kenntnis nehmen, daß es unterschiedliche Kulturen, Traditionen und »Vorlieben« gibt, ja, daß jeder einzelne seinem eigenen Rhythmus folgt, sofern man ihn läßt – eine Einsicht, die inzwischen sogar wissenschaftlich untermauert wurde.

Ende der 1990er Jahre bereiste der amerikanische Sozialforscher Robert Levine mit seinem Team 31 Länder, um das Lebenstempo der dort jeweils ansässigen Bevölkerung zu analysieren: Wie schnell gehen Passanten im Zentrum der Großstädte? Wie lange benötigen Postbedienstete zum Verkauf einer Briefmarke? Wie genau gehen die öffentlichen Uhren? Das Ergebnis war wenig überraschend: In Europa (und in Japan) leben die Menschen am »schnellsten« und am »pünktlichsten«, während es in Asien, Afrika, Mittel- und Südamerika wesentlich geruhsamer zugeht. In Brasilien beispielsweise gilt es durchaus nicht als ungewöhnlich, wenn ein Busfahrer sein vollbesetztes Gefährt fahrplanwidrig stoppt, um erst einmal in aller Ruhe einkaufen zu gehen. Und in Mexiko, dem Schlußlicht der Beschleunigung, werden Partygäste, die zur vereinbarten Zeit erscheinen, oft mit der ironischen Frage empfangen: »Bist du zum Putzen gekommen?«

Natürlich ist uns der Preis solcher Laschheit und Langsamkeit hinlänglich bekannt: Länder mit hohem Lebenstempo verfügen in aller Regel über einen weitaus höheren Lebensstandard, über deutlich mehr Reichtum als die der langsameren Kategorie. Allerdings – und das ist die Kehrseite – hat unser Tempo seinen Preis. So gibt es in den »schnellen« Ländern auch signifikant höhere Herzinfarkt-, Scheidungs- und Selbstmordraten als in solchen Gegenden, in denen der Müßiggang noch in besserem Ruf steht. Das legt zumindest den Verdacht nahe – und die hier in der Folge versammelten Weisheiten und Selbstzeugnisse von Taugenichtsen, Faulpelzen und Müßiggängern können diesen Verdacht durchaus stützen –, daß die Außenseiterrolle, die wir dem Untätigen oder dem ungern Tätigen in unserer Gesellschaft zuweisen, eine durch und durch verkannte ist: Vieles spricht dafür, als sei der Faule unter den Fleißigen, was der Sehende unter lauter Blinden ist. Ungeliebt, aber erkennend.

Taugenichtse

Aus dem Leben eines Taugenichts

Joseph Freiherr von Eichendorff, 1788–1857

Das Rad an meines Vaters Mühle brauste und rauschte schon wieder recht lustig, der Schnee tröpfelte emsig vom Dache, die Sperlinge zwitscherten und tummelten sich dazwischen; ich saß auf der Türschwelle und wischte mir den Schlaf aus den Augen; mir war so recht wohl in dem warmen Sonnenscheine. Da trat der Vater aus dem Hause; er hatte schon seit Tagesanbruch in der Mühle rumort und die Schlafmütze schief auf dem Kopfe, der sagte zu mir: »Du Taugenichts! Da sonnst du dich schon wieder und dehnst und reckst dir die Knochen müde und läßt mich alle Arbeit allein tun. Ich kann dich hier nicht länger füttern. Der Frühling ist vor der Tür, geh auch einmal hinaus in die Welt und erwirb dir selbst dein Brot.« – »Nun«, sagte ich, »wenn ich ein Taugenichts bin, so ist's gut, so will ich in die Welt gehen und mein Glück machen.« Und eigentlich war mir das recht lieb, denn es war mir kurz vorher selber eingefallen, auf Reisen zu gehen, da ich die Goldammer, welche im Herbste und Winter immer betrübt an unserem Fenster sang: »Bauer, miet mich, Bauer miet mich!« nun in der schönen Frühlingszeit wieder ganz stolz und lustig vom Baume rufen hörte: »Bauer, behalt deinen Dienst!« – Ich ging also in das Haus hinein und holte meine Geige, die ich recht artig spielte, von der Wand, mein Vater gab mir noch einige Groschen Geld mit auf den Weg, und so schlenderte ich durch das lange Dorf hinaus. Ich hatte recht meine heimliche Freude, als ich da alle meine alten Bekannten und Kameraden rechts und links, wie gestern und vorgestern und immerdar, zur Arbeit hinaus-

Die Quelle unseres Jammers ist, daß wir mehr von Laboratorien als von den Oratorien leben.

Albert Einstein, 1879–1955

Die Faulen sind stets aufgelegt, irgend etwas zu tun.

Luc de Clapiers Marquis de Vauvenargues, 1715–1747

ziehen, graben und pflügen sah, während ich so in die freie Welt hinausstrich. Ich rief den armen Leuten nach allen Seiten recht stolz und zufrieden Adieus zu, aber es kümmerte sich eben keiner sehr darum. Mir war es wie ein ewiger Sonntag im Gemüte. Und als ich endlich ins freie Feld hinauskam, da nahm ich meine liebe Geige vor und spielte und sang, auf der Landstraße fortgehend:

Wem Gott will rechte Gunst erweisen,
Den schickt er in die weite Welt,
Dem will er seine Wunder weisen
In Berg und Wald und Strom und Feld.

Die Trägen, die zu Hause liegen,
Erquicket nicht das Morgenrot,
Sie wissen nur vom Kinderwiegen,
Von Sorgen, Last und Not um Brot.

Die Bächlein von den Bergen springen,
Die Lerchen schwirren hoch vor Lust,
Was sollt' ich nicht mit ihnen singen
Aus voller Kehl' und frischer Brust?

Den lieben Gott laß' ich nur walten;
Der Bächlein, Lerchen, Wald und Feld
Und Erd' und Himmel will erhalten,
Hat auch mein' Sach' aufs best' bestellt!

Indem, wie ich mich so umsehe, kömmt ein köstlicher Reisewagen ganz nahe an mich heran, der mochte wohl schon einige Zeit hinter mir dreingefahren sein, ohne daß ich es merkte, weil mein Herz so voller Klang war, denn es ging ganz langsam, und zwei vornehme Damen steckten die Köpfe aus dem Wagen und hörten mir zu. Die eine war be-

sonders schön und jünger als die andere, aber eigentlich gefielen sie mir alle beide. Als ich nun aufhörte zu singen, ließ die ältere stillhalten und redete mich holdselig an: »Ei, lustiger Gesell, Er weiß ja recht hübsche Lieder zu singen.« Ich nicht zu faul dagegen: »Euer Gnaden aufzuwarten, wüßt' ich noch viel schönere.« Darauf fragte sie mich wieder: »Wohin wandert Er denn schon so am frühen Morgen?« Da schämte ich mich, daß ich das selber nicht wußte, und sagte dreist: »Nach Wien«; nun sprachen beide miteinander in einer fremden Sprache, die ich nicht verstand. Die jüngere schüttelte einige Male mit dem Kopfe, die andere lachte aber in einem fort und rief mir endlich zu: »Spring Er nur hinten mit auf, wir fahren auch nach Wien.« Wer war da froher als ich! Ich machte eine Referenz und war mit einem Sprunge hinter dem Wagen, der Kutscher knallte, und wir flogen über die glänzende Straße fort, daß mir der Wind am Hute pfiff.

Hinter mir gingen nun Dorf, Gärten und Kirchtürme unter, vor mir neue Dörfer, Schlösser und Berge auf, unter mir Saaten, Büsche und Wiesen bunt vorüberfliegend, über mir

Das einzige, was meinem Sinn behaget, / Nach langer Arbeit glücklichem Vollbringen / Mit süßem Nichts die Tage zu verträumen, / Bei jedem flüchtigen Genuß zu säumen, / Am Großen sich ergötzend und Geringem.

August Graf von Platen, 1796–1835

unzählige Lerchen in der klaren blauen Luft – ich schämte mich, laut zu schreien, aber innerlichst jauchzte ich und strampelte und tanzte auf dem Wagentritt herum, daß ich bald meine Geige verloren hätte, die ich unterm Arme hielt. Wie aber denn die Sonne immer höher stieg, rings am Horizont schwere weiße Mittagswolken aufstiegen und alles in der Luft und auf der weiten Fläche so leer und schwül und still wurde über den leise wogenden Kornfeldern, da fiel mir erst wieder mein Dorf ein und mein Vater und unsere Mühle, wie es da so heimlich kühl war an dem schattigen Weiher, und daß nun alles so weit, weit hinter mir lag. Mir war dabei so kurios zumute, als müßt' ich wieder umkehren; ich steckte meine Geige zwischen Rock und Weste, setzte mich voller Gedanken auf den Wagentritt hin und schlief ein.

Als ich die Augen aufschlug, stand der Wagen still unter hohen Lindenbäumen, hinter denen eine breite Treppe zwischen Säulen in ein prächtiges Schloß führte. Seitwärts durch die Bäume sah ich die Türme von Wien. Die Damen waren, wie es schien, längst ausgestiegen, die Pferde abgespannt. Ich erschrak sehr, da ich auf einmal so allein saß, und sprang geschwind in das Schloß hinein, da hörte ich von oben aus dem Fenster Lachen.

In diesem Schlosse ging es mir wunderlich. Zuerst, wie ich mich in der weiten, kühlen Vorhalle umschaue, klopft mir jemand mit dem Stocke auf die Schulter. Ich kehre mich schnell um, da steht ein großer Herr in Staatskleidern, ein breites Bandelier von Gold und Seide bis an die Hüften übergehängt, mit einem oben versilberten Stabe in der Hand und einer außerordentlich langen gebogenen kurfürstlichen Nase im Gesichte,

Farbe der Faulheit

Ende der 1980er Jahre führte die Soziologin und Psychologin Eva Heller eine große anonyme Befragung aller Altersschichten zum Thema »Wie Farben wirken« durch.

Mit dem Begriff »Faulheit« verbanden 48 Prozent der Befragten die Farbe Braun, 25 Grau, elf Prozent Schwarz, neun Prozent Blau und sieben Prozent Violett.

Das Ergebnis spiegelt die immer noch weitverbreitete Verurteilung der Faulheit als »Todsünde«. Braun ist moralisch schlechter beleumdet als Grau. »Braun ist eine Farbe des Bösen, des Schlechten, der Schuld.«

breit und prächtig wie ein aufgeblasener Puter, der mich fragt, was ich hier will. Ich war ganz verblüfft und konnte vor Schreck und Erstaunen nichts hervorbringen. Darauf kamen mehrere Bediente die Treppe herauf- und heruntergerannt, die sagten gar nichts, sondern sahen mich nur von oben bis unten an. Sodann kam eine Kammerjungfer (wie ich nachher hörte) gerade auf mich los und sagte: Ich wäre ein charmanter Junge, und die gnädigste Herrschaft ließe mich fragen, ob ich hier als Gärtnerbursche dienen wollte? – Ich griff nach der Weste; meine paar Groschen, weiß Gott, sie müssen beim Herumtanzen auf dem Wagen aus der Tasche gesprungen sein, waren weg, ich hatte nichts als mein Geigenspiel, für das mir überdies auch der Herr mit dem Stabe, wie er mir im Vorbeigehen sagte, nicht einen Heller geben wollte. Ich sagte daher in meiner Herzensangst zu der Kammerjungfer: ja; noch immer die Augen von der Seite auf die unheimliche Gestalt gerichtet, die immerfort wie der Perpendikel einer Turmuhr in der Halle auf und ab wandelte und eben wieder majestätisch und schauerlich aus dem Hintergrunde heraufgezogen kam. Zuletzt kam end-

Wenn ein Mensch einmal einen halben Tag lang in den Wäldern spazieren geht, weil er sie liebt, dann besteht die Gefahr, daß er als Tagedieb angesehen wird; wenn er dagegen den ganzen Tag als Unternehmer zubringt und diese Wälder abhackt und die Erde vorzeitig kahl werden läßt, so wird er als fleißiger und unternehmungslustiger Bürger betrachtet.

Henry David Thoreau, 1817–1862

lich der Gärtner, brummte was von Gesindel und Bauernlümmel unterm Bart und führte mich nach dem Garten, während er mir unterwegs noch eine lange Predigt hielt: Wie ich nur fein nüchtern und arbeitsam sein, nicht in der Welt herumvagieren, keine brotlosen Künste und unnützes Zeug treiben solle, da könnt' ich es mit der Zeit noch einmal zu was Rechtem bringen. – Es waren noch mehr sehr hübsche, gutgesetzte, nützliche Lehren, ich habe nur seitdem fast alles wieder vergessen. Überhaupt weiß ich eigentlich gar nicht recht, wie das alles so gekommen war, ich sagte nur immerfort zu allem: ja – denn mir war wie einem Vogel, dem die Flügel begossen worden sind. – So war ich denn, Gott sei Dank, im Brote.

In dem Garten war schön leben, ich hatte täglich mein warmes Essen vollauf und mehr Geld, als ich zum Weine brauchte, nur hatte ich leider ziemlich viel zu tun. Auch die Tempel, Lauben und schönen grünen Gänge, das gefiel mir alles recht gut, wenn ich nur hätte ruhig drin herumspazieren können und vernünftig diskurrieren, wie die Herren und Damen, die alle Tage dahin kamen. Sooft der Gärtner fort und ich allein war, zog ich sogleich mein kurzes Tabakspfeifchen heraus, setzte mich hin und sann auf schöne, höfliche Redensarten, wie ich die eine junge schöne Dame, die mich in das Schloß mitbrachte, unterhalten wollte, wenn ich ein Kavalier wäre und mit ihr hier herumginge. Oder ich legte mich an schwülen Nachmittagen auf den Rücken hin, wenn alles so still war, daß man nur die Bienen sumsen hörte, und sah zu, wie über mir die Wolken nach meinem Dorfe zu flogen und die Gräser und Blumen sich hin und her bewegten, und gedachte an die Dame, und da geschah es denn oft, daß die schöne Frau mit der Gitarre oder einem Buche in der Ferne wirklich durch den Garten zog, so still, groß und freundlich wie ein Engelsbild, so daß ich nicht recht wußte, ob ich träumte oder wachte.

So sang ich auch einmal, wie ich eben bei einem Lusthause zur Arbeit vorbeiging, für mich hin:

Wohin ich geh' und schaue,
In Feld und Wald und Tal,
Vom Berg' ins Himmelsblaue,
Vielschöne gnäd'ge Fraue,
Grüß' ich dich tausendmal.

Da seh' ich aus dem dunkelkühlen Lusthause zwischen den halbgeöffneten Jalousien und Blumen, die dort standen, zwei schöne, junge, frische Augen hervorfunkeln. Ich war ganz erschrocken, ich sang das Lied nicht aus, sondern ging, ohne mich umzusehen, fort an die Arbeit.

Abends, es war gerade an einem Sonnabend und ich stand eben in der Vorfreude kommenden Sonntags mit der Geige im Gartenhause am Fenster und dachte noch an die funkelnden Augen, da kommt auf einmal die Kammerjungfer durch die Dämmerung dahergestrichen. »Da schickt Euch die vielschöne gnädige Frau was, das sollt Ihr auf ihre Gesundheit trinken. Eine gute Nacht auch!« Damit setzte sie mir fix eine Flasche Wein aufs Fenster und war sogleich wieder zwischen den Blumen und Hecken verschwunden wie eine Eidechse.

Ich aber stand noch lange vor der wundersamen Flasche und wußte nicht, wie mir geschehen war. – Und hatte ich vorher lustig die Geige gestrichen, so spielt' und sang ich jetzt erst recht und sang das Lied von der schönen Frau ganz aus und alle meine Lieder, die ich nur wußte, bis alle Nachtigallen draußen erwachten und Mond und Sterne schon lange über dem Garten standen. Ja, das war einmal eine gute, schöne Nacht!

Es wird keinem an der Wiege gesungen, was künftig aus ihm wird, eine blinde Henne findet manchmal auch ein Korn, wer zuletzt lacht, lacht am besten, unverhofft kommt oft, der Mensch denkt und Gott lenkt, so meditiert' ich, als ich am folgenden Tage wieder mit meiner Pfeife im Garten saß und es mir dabei, da ich so aufmerksam an mir heruntersah, fast vorkommen wollte, als wäre ich doch eigentlich ein rechter Lump. – Ich stand nunmehr, ganz wider meine sonstige Gewohnheit, alle Tage sehr zeitig auf, ehe sich noch der Gärtner und die anderen Arbeiter rührten. Da war es so wunderschön draußen im Garten. Die Blumen, die Springbrunnen, die Rosenbüsche und der ganze Garten funkelten von der Morgensonne wie lauter Gold und Edelstein. Und in den hohen Buchenalleen, da war es noch so still, kühl und andächtig wie in einer Kirche, nur die Vögel flatterten und pickten auf dem Sande. Gleich vor dem Schlosse, gerade unter den Fenstern, wo die schöne Frau wohnte, war ein blühender Strauch. Dorthin ging ich dann immer am frühesten Morgen und duckte mich hinter die Äste, um so nach den Fenstern zu sehen, denn mich im Freien zu produzieren, hatte ich keine Courage. Da sah ich nun allemal die allerschönste Dame noch heiß und halb verschlafen im schneeweißen Kleide an das offene Fenster hervortreten. Bald flocht sie sich die dunkelbraunen Haare und ließ dabei die anmutig spielenden Augen über Busch und Garten ergehen, bald bog

Weil der Nährstand eines festen Hauses bedarf, so wurde jeder als Taugenichts verbannt, der umherschwärmte in unbestimmtem Geschäfte, als wenn dem Staate und der Welt nicht gerade diese schwärmenden Landsknechte und irrenden Ritter, [. . .] diese wandernde Universität und Kunstverbrüderung zu seinen besten, schwierigsten Unternehmungen allein taugten.

Achim von Arnim, 1781–1831

und band sie die Blumen, die vor ihrem Fenster standen, oder sie nahm auch die Gitarre in den weißen Arm und sang dazu so wundersam über den Garten hinaus, daß sich mir noch das Herz umwenden will vor Wehmut, wenn mir eins von den Liedern bisweilen einfällt – und ach, das alles ist schon lange her!

So dauerte das wohl über eine Woche. Aber das eine Mal, sie stand gerade wieder am Fenster und alles war stille ringsumher, fliegt mir eine fatale Fliege in die Nase, und ich gebe mich an ein erschreckliches Niesen, das gar nicht enden will. Sie legt sich weit zum Fenster hinaus und sieht mich Ärmsten hinter dem Strauche lauschen. – Nun schämte ich mich und kam viele Tage nicht hin. [...] Sie kam nicht mehr in den Garten, sie kam nicht mehr ans Fenster. Der Gärtner schalt mich einen faulen Bengel, ich war verdrießlich, meine eigene Nasenspitze war mir im Wege, wenn ich in Gottes freie Welt hinaussah.

So lag ich eines Sonntags nachmittags im Garten und ärgerte mich, wie ich so in die blauen Wolken meiner Tabakspfeife hinaussah, daß ich mich nicht auf ein anderes Handwerk gelegt und mich also morgen nicht auch wenigstens auf einen blauen Montag zu freuen hätte. Die andern Burschen waren indes alle wohlausstaffiert nach den Tanzböden in der nahen Vorstadt hinausgezogen. Da wallte und wogte alles im Sonntagsputze in der warmen Luft zwischen den lichten Häusern und wandernden Leierkasten schwärmend hin und zurück. Ich aber saß wie eine Rohrdommel im Schilfe eines einsamen Weihers im Garten und schaukelte mich auf dem Kahne, der dort angebunden war, während die Vesperglocken aus der Stadt über den Garten herüberschallten und die Schwäne auf dem Wasser langsam neben mir hin und her zogen. Mir war zum Sterben bange.

Währenddes hörte ich von weitem allerlei Stimmen, lustiges Durcheinandersprechen und Lachen, immer näher und näher, dann schimmerten rote und weiße Tücher, Hüte und Federn durchs Grüne, auf einmal kommt ein heller, lichter Haufen von jungen Herren und Damen vom Schlosse über die Wiese auf mich los, meine beiden Damen mitten unter ihnen. Ich stand auf und wollte weggehen, da erblickte mich die ältere von den schönen Damen. »Ei, das ist ja wie gerufen«, rief sie mir mit lachendem Munde zu, »fahr Er uns doch an das jenseitige Ufer über den Teich!« Die Damen stiegen nun eine nach der andern vorsichtig und furchtsam in den Kahn, die Herren halfen ihnen dabei und machten sich ein wenig groß mit ihrer Kühnheit auf dem Wasser. Als sich darauf die Frauen alle auf die Seitenbänke gelagert hatten, stieß ich vom Ufer. Einer von den jungen Herren, der ganz vorn stand, fing unmerklich an zu schaukeln. Da wandten sich die Damen furchtsam hin und her, einige schrieen gar. Die schöne Frau, welche eine Lilie in der Hand hatte, saß dicht am Bord des Schiffleins und sah stillächelnd in die klaren Wellen hinunter, die sie mit der Lilie berührte, so daß ihr ganzes Bild zwischen den widerscheinenden Wolken und Bäumen im Wasser noch einmal zu sehen war, wie ein Engel, der leise durch den tiefen blauen Himmelsgrund zieht.

Der Faule

Gotthold Ephraim Lessing, 1729–1781

Rennt dem scheuen Glücke nach!
Freunde, rennt euch alt und schwach!
Ich nehm' teil an eurer Müh':
Die Natur gebietet sie.
Ich, damit ich auch was thu', –
Seh' euch in dem Lehnstuhl zu.

Gründer

Wilhelm Busch, 1832–1908

Geschäftig sind die Menschenkinder,
Die große Zunft von kleinen Meistern,
Als Mitbegründer, Miterfinder
Sich diese Welt zurechtzukleistern.

Nur leider kann man sich nicht einen,
Wie man das Ding am besten mache.
Das Bauen mit belebten Steinen
Ist eine höchst verzwickte Sache.

Welch ein Gedränge und Getriebe
Von Lieb und Haß bei Nacht und Tage,
Und unaufhörlich setzt es Hiebe,
Und unaufhörlich tönt die Klage.

Gottlob, es gibt auch stille Leute,
Die meiden dies Gefühl und hassen's
Und bauen auf der andren Seite
Sich eine Welt des Unterlassens.

Der faule Geheimagent

Joseph Conrad, 1857–1924

Solchermaßen also waren das Haus, die Wohngemeinschaft und das Geschäft beschaffen, von denen sich Herr Verloc um halb elf an jenem Morgen auf seinem in westliche Richtung führenden Wege entfernte. Für ihn war die Stunde ungewöhnlich früh; seine ganze Person hauchte den Zauber einer fast tauigen Frische aus: Er trug seinen blauen Überzieher of-

Arbeit und Tugend schließen einander aus.

Aristoteles, 384–322 v. Chr.

fen, seine Stiefel waren blank, die frisch rasierten Wangen glänzten förmlich, und selbst die von schweren Lidern bedeckten Augen entsandten, von ungestörtem nächtlichen Schlummer erquickt, geradezu muntere Blicke. Durch das Gitter des Parkes gewahrten seine Augen Männer und Frauen zu Pferde auf der Allee, harmonisch im Galopp dahinfliegende Paare, gemessen im Schritt Reitende, müßig beisammenstehende Gruppen von drei oder vier Berittenen, einsame, ungesellig wirkende Reiter und einzelne Reiterinnen, denen in weitem Abstand der Reitknecht mit der Kokarde am Hut und dem breiten Lederriemen über der knappen Livree folgte. Kutschen rollten vorüber, meist offene Zweispänner, gelegentlich auch eine mit Raubtierfell ausgeschlagene Victoriachaise, über deren heruntergeklapptem Verdeck Hut und Gesicht einer Frau erschienen. Und alles dies wurde überstrahlt vom stechenden Blick der eigentümlichen Londoner Sonne – gegen die sich nichts einwenden ließ, als daß sie blutunterlaufen aussah. Sie hing mit der Miene gewissenhafter und wohlwollender Wachsamkeit in mäßiger Höhe oberhalb von Hyde Park Corner. Selbst das Pflaster unter Herrn Verlocs Füßen nahm in ihrem diffusen Licht eine altgoldene Tönung an, und weder Mauer noch Baum, weder Tier noch Mensch warfen einen Schatten.

Herr Verloc bewegte sich westwärts durch eine Stadt ohne Schatten in einer Atmosphäre aus zerstäubtem Altgold. Rötliche, kupferfarbene Glanzlichter lagen auf Dächern und Mauerecken, auf den Wänden der Kutschen, ja selbst auf dem Fell der Pferde und dem breiten Rücken von Herrn Verlocs Mantel, wo sie einen stumpfen rostfarbenen Effekt machten. Herr Verloc indessen war sich nicht im mindesten bewußt, rostig zu sein. Durch das Parkgitter erschaute er beifällig die handgreiflichen Beweise von Reichtum und Überfluß dieser Stadt. Alle diese Menschen waren schutzbedürftig. Schutz ist das dringlichste Verlangen von Reichtum und Überfluß. Also mußten sie geschützt werden, sie und ihre Pferde, ihre Kutschen, ihre Diener und Häuser; und auch die Quelle dieses Reichtums im Herzen der Stadt, im Herzen des Landes mußte geschützt werden; die gesamte soziale Ordnung, die es mit dem gesunden Müßiggang so gut meinte, mußte gegen den einfältigen Neid der ungesunden Arbeit geschützt werden. Das war unbedingt erforderlich – und Herr Verloc hätte sich bei diesem Gedanken gewiß befriedigt die Hände gerieben, wäre er nicht von Natur aus jeder überflüssigen Anstrengung abhold gewesen.

Man muß sich aus dem Gefängnis der Geschäfte und der Politik befreien.

Epikuros, 341–271 v. Chr.

Sein Müßiggang war nicht gesund, doch er sagte ihm außerordentlich zu. In gewisser Weise war Herr Verloc ihm verfallen, und zwar mit einer Art von trägem Fanatismus, oder vielleicht besser mit einer fanatischen Trägheit. Kind fleißiger Eltern und zu einem Leben der Mühsal geboren, hatte er sich der Trägheit aus einem Impuls ergeben, der ebenso unerklärlich wie tief gegründet und so gebieterisch war wie jener Impuls, der die Neigung eines Mannes auf die eine Frau unter Tausenden richtet. Er war sogar zu faul, ein Demagoge oder ein Arbeiterführer zu werden. Das alles machte zu viel Mühe. Er sehnte sich nach einer perfekteren Form des Müßigganges; vielleicht auch war er das Opfer eines in der Philosophie gründenden Zweifels am Nutzen aller menschlichen Bemühungen. Eine derartige Form der Indolenz setzt ein gewisses Maß an Intelligenz voraus. Herr Verloc ermangelte nicht der Intelligenz – und im Gedanken an die bedrohte Gesellschaftsordnung hätte er vielleicht vor sich hin geblinzelt, hätte die Hervorbringung dieser Äußerung von Skeptizismus nicht eine

Man verschlafe ruhig die Hälfte des Lebens, man wird die andere Hälfte doppelt genießen.

Karl Ludwig Schleich, 1859–1922

Kraftentfaltung erfordert. Seine runden, vorquellenden Augen eigneten sich nicht gut zum Blinzeln. Sie waren mehr dazu geschaffen, sich würdevoll und majestätisch zum Schlummer zu schließen.

Schlechte Schüler

Daß nur der Tüchtige auf Erfolg hoffen könne, daß ohne Fleiß kein Preis zu erringen sei, daß allein die Leistung zähle, daß man sich gefälligst anstrengen solle – solche und ähnliche Weisheiten und Ermahnungen kennen wir zur Genüge, vor allem und gerade aus der Schulzeit, wird doch in der Schule – angeblich – der entscheidende Grundstein für den weiteren Lebensweg gelegt. Aber ist das wirklich ein Automatismus? Spielen nicht andere Faktoren eine mindestens ebenso große Rolle wie der Fleiß? Gegen die vorherrschende Disziplin- und Leistungsdoktrin lassen sich zumindest zahlreiche Gegenbeispiele ins Feld führen, historische Persönlichkeiten (hier eine Auswahl in alphabetischer Reihenfolge), die trotz mangelhafter schulischer Ausbildung zu Weltruhm gelangten.

Die wirklich tätigen Leute erkennt man daran, daß sie Zeit haben.

Jules Romains, 1885–1972

Einschränkend sei notiert, daß solche Beispiele selbstverständlich nicht dazu mißbraucht werden dürfen, den Fleiß zu diffamieren oder den Tüchtigen zu entmutigen. Sie können aber zu größerer Gelassenheit animieren und den Möglichkeitssinn erweitern.

Robert Bosch (1861–1942): deutscher Elektrotechniker und Erfinder (u. a. die nach ihm benannte Hochspannungs-Magnetzündung für Kraftfahrzeuge); an seine Schulzeit erinnerte er sich:

Faule Mette
Unbeholfene großkalibrige Steinbüchse, die während des 14. Jahrhunderts im Herzogtum Braunschweig als Mauerbrecher zum Niederlegen von Basteien diente..

Faule Grete
Schwer bewegliches (»faules«) Geschütz, mit dessen 24pfündigen Steinkugeln Kurfürst Friedrich I. von Brandenburg (1372–1440) feindliche Ritterburgen zerstörte.

Faulenzer
Österreichische Bezeichnung für ein das Schreiben erleichterndes liniiertes Blatt.

»Im sogenannten Einjährigen-Examen, mit dem ich abging, habe ich den pythagoreischen Lehrsatz nicht beweisen können. Um den Mangel später auszugleichen, war ich wohl zu faul.«

Die Kunst erwächst dem Fleiß der Faulen.

Peter Bamm, 1897–1975

Bertolt Brecht (1898–1956): deutscher Dramatiker, Lyriker und Regisseur; Gründer des »Berliner Ensembles« (u.a. »Die Dreigroschenoper«); seine Gymnasialzeit ironisierte er so: »Während meines neunjährigen Eingewecktseins an einem Augsburger Realgymnasium gelang es mir nicht, meine Lehrer wesentlich zu fördern.«

Wilhelm Busch (1832–1908): deutscher humoristischer Dichter, Zeichner und Maler (u.a. »Max und Moritz«); selbstkritisch äußerte er sich über seinen Besuch der Polytechnischen Schule: »In der reinen Mathematik schwang ich mich bis zu ›Eins mit Auszeichnung‹ empor, aber in der angewandten bewegte ich mich mit immer matterem Flügelschlage.«

Zuviel Fleiß im Kleinen macht unfähig zum Großen.

François de La Rochefoucauld, 1613–1680

Winston Spencer Churchill (1874 bis 1965): britischer Politiker (Premierminister) und Autor historischer Werke; Literatur-Nobelpreis 1953; seine Schuljahre »bilden auf der Landkarte meines Lebens einen trüben grauen Fleck. Sie waren eine ununterbrochene Folge von leidvollen Erfahrungen.«

Thomas Alva Edison (1847–1931): amerikanischer Erfinder mit über 2500 Patenten (u. a. Grammophon und elektrische Glühlampe); der von seinem Lehrer als »Hohlkopf« Bezeichnete erinnerte sich später, »daß ich in der Schule nie zurechtkam. Ich war immer der letzte in der Klasse.«

Unnütz zu sein, gehört zum Charakter der Werke des Genies: Es ist ihr Adelsbrief!

Arthur Schopenhauer, 1788–1860

Albert Einstein (1879–1955): deutsch-amerikanischer Physiker (u. a. Relativitätstheorie); Nobelpreis 1921; als Spätentwickler von seiner Gouvernante wegen vermeintlichen Phlegmas »Pater Langweil« genannt, litt er nachfolgend um so mehr unter dem Zwang erzieherischen Drills: »Die Lehrer in der Elementarschule kamen mir wie Feldwebel vor und die Lehrer im Gymnasium wie Leutnants.«

Theodor Fontane (1819–1898): deutscher Schriftsteller und Journalist; Meister der realistischen Novelle und des Gesellschaftsromans (u. a. »Effi Briest«); seinen verbummelten Bildungsweg resümierte er: »Ohne Schulung und Wissen [...] bin ich ins Leben getreten, mit nichts ausgerüstet als einem poetischen Talent und einer schlechtsitzenden Hose.«

George Gershwin (1898–1937): amerikanischer Komponist und Pianist (u. a. »Rhapsody in Blue«); schon mit 16 Jahren verließ der als ausgesprochen faul Geltende – »hungernd nach Musik« – die Schule, um als Klavierspieler seinen Lebensunterhalt zu bestreiten, was gar nicht so begeisternd begann; denn nach einem Vorspiel der Ouvertüre zu Rossinis »Wilhelm Tell« meinten die Juroren: »Laß uns den Burschen finden, der dir das so beigebracht hat, und ihn erschießen, aber ohne Apfel auf seinem Kopf!«

The Idler

In London erscheint seit einigen Jahren die Zeitschrift »The Idler« (Der Müßiggänger), die unter dem Leitgedanken »Je weniger man arbeitet, um so produktiver ist man« die Drei-Tage-Arbeitswoche und den Drei-Stunden-Arbeitstag propagiert. Um für das Blatt zu werben, scheute der Herausgeber, der britische Journalist Tom Hodgkinson, selbst davor nicht zurück, sich in einem Schaufenster der Metropole zu einer öffentlichen Lesung zu präsentieren. Doch für den Speaker war der Ohrensessel wohl zu bequem: Er schlief einfach ein!

Franz Grillparzer (1791–1872): österreichischer Schriftsteller; bedeutendster Dramatiker des Landes (u. a. »Die Ahnfrau«); der spätere Ehrenbürger der Stadt Wien und dreifache Ehrendoktor gab seinen äußerst geringgeschätzten Lehrern, die er als Narren und Blödsinnige einstufte, die Schuld daran, daß er »unter die Höchst-Mittelmäßigen gerechnet [wurde], was, statt meinen Eifer anzuspornen, ihn vielmehr auf das Streng-Pflichtmäßige beschränkte.«

Sieh, das ist
Lebenskunst:
Vom schweren
Wahn des Lebens
sich befrei'n,
fein hinzulächeln
übers große Muß.

Christian Morgenstern, 1871–1914

GERHART HAUPTMANN (1862–1946): deutscher Schriftsteller; führender Vertreter des deutschen Naturalismus und bedeutendster Dramatiker der Jahrhundertwende (u.a. »Die Weber«); Nobelpreis 1912; als Kind für dumm gehalten, was zweimaliges Sitzenbleiben zu bestätigen schien, verließ der später mit mehreren Ehrendoktoraten Ausgezeichnete nach Jahren seelischer Bedrückung als Sechzehnjähriger endgültig die Lehranstalt: »Die [...] Bezeichnung als Taugenichts war bei mir in bezug auf die Schule gerechtfertigt. Ich konnte nicht leben ohne Licht, Luft und freie Natur und ohne das [...] Selbstbestimmungsrecht in alledem. Schularbeiten haßte ich.«

HERMANN HESSE (1877–1962): deutscher Schriftsteller und Maler (u.a. »Das Glasperlenspiel«); Nobelpreis 1946; nach der Grundschulausbildung, bei der er nur einen einzigen Lehrer fand, »dem ich dankbar sein kann«, ging es bei ihm mehr ab als auf: »Keine Schule wollte mich behalten, in keiner Lehre hielt ich es lange aus. Jeder Versuch, einen brauchbaren Menschen aus mir zu machen, endete mit Mißerfolg, mehrmals mit Schande und Skandal, mit Flucht oder mit Ausweisung.«

THOMAS MANN (1875–1955): deutscher Schriftsteller (u.a. »Die Buddenbrooks«); Nobelpreis 1929; seine ablehnende Haltung gegen die Schule, die er nach zweimaligem Sitzenbleiben ohne Abitur verließ, schilderte er in späterer Überspitzung: »Faul, verstockt und voll liederlichen Hohns über das Ganze: So saß ich die Jahre ab.«

Eduard Mörike (1804–1875): deutscher Dichter; einer der bedeutendsten Lyriker seit Goethe (u.a. »Mozart auf der Reise nach Prag«); von seinen Lehrern der Unaufmerksamkeit und Nachlässigkeit gescholten, wegen ständiger Verstöße gegen die Anstaltsordnung häufig mit Arrest bestraft, lebte er unbeeindruckt davon mit schwärmerischen Freunden in einer selbstgeschaffenen Traumwelt, einer »Sphäre von Poesie«, die ihn trotz schulischer Mißhelligkeiten rückblickend urteilen ließ: »Ich bekenne gern, damals die schönste Zeit meines Lebens genossen zu haben.«

Carl von Ossietzky (1889–1938): deutscher Publizist (u.a. Leiter der »Weltbühne«); Friedensnobelpreis 1935; ihm wurde im Abgangszeugnis der achten Klasse für Deutsch gerade mal »genügend« bescheinigt, für Rechnen, Geometrie und Algebra aber »mangelhaft«, was seinen Mathematiklehrer zu dem verzweifelten Ausruf veranlaßte: »Was soll aus dir, Ossietzky, noch werden, wenn du nicht einmal den pythagoreischen Lehrsatz begreifen kannst?!«

Wilhelm Raabe (1831–1910): deutscher Schriftsteller; neben Fontane bedeutendster deutscher Erzähler der zweiten Hälfte des 19. Jahrhunderts (u.a. »Der Hungerpastor«); er mußte die Quarta wiederholen und kam zu der ernüchternden Einschätzung: »Auf dem Gymnasium zu Wolfenbüttel lernte ich wenig mehr als Zeichnen und Deutsch schreiben.«

Narren hasten, Kluge warten, / Weise gehen in den Garten.

Rabindranath Tagore, 1861–1941

George Bernard Shaw (1856–1950): englisch-irischer Dramatiker (u. a. »Pygmalion«); Nobelpreis 1925; er besuchte insgesamt nur vier Jahre lang die Schule und kam zu dem vernichtenden Urteil, das ganze Erziehungssystem sei ein einziger Betrug: »Am Ende ihrer zehnjährigen Ausbildung sind die Leute nicht einmal imstande, ihre eigene Muttersprache zu gebrauchen.«

Georg Trakl (1887–1914): österreichischer Dichter; einer der bedeutendsten Lyriker der expressionistischen Generation (u. a. »Sebastian im Traum«); von Anfang an »ohne Vorliebe« für den Deutschunterricht, mußte er die vierte Klasse wiederholen und wurde am Ende der 7. – abermals nicht versetzt – von der Schule genommen; ein Mitschüler erinnerte sich: »Trakl ist genau das gewesen, was wir einen Wurschtikus nannten.«

Nichtstun ist die Weisheit derjenigen, die den Untergang von Narren miterlebt haben.

George Meredith, 1828–1909

Mark Twain (1835–1910): amerikanischer Schriftsteller (u. a. »Tom Sawyers Abenteuer«); der erste Tag seines insgesamt äußerst sporadischen Schulbesuchs blieb dem später mehrfachen Ehrendoktor zeit seines Lebens in lebhafter Erinnerung: »Ich verstieß gegen eine Regel, wurde verwarnt, und man sagte mir, wenn es ein zweites Mal vorkäme, würde ich eine Tracht Prügel beziehen. Bald darauf tat ich's wieder ...«

Richard Wagner (1813–1883): deutscher Komponist; (u. a. »Der Ring der Nibelungen«); wachsende Unlust am herkömmlichen Unterricht und verstärkte Zuwendung zur Musik ließen ihn im Alter von 16 Jahren kurzerhand die Schule ohne Abschluß verlassen: »Ich glaube im ganzen, das, was mich lebhaft anzog, fast ohne eigentliches Lernen schnell begriffen zu haben, während ich auf das, was meiner Vorstellung fernlag, kaum versuchte, eigentlichen Fleiß zu verwenden.«

Glückliche Arbeitslose

In Berlin wird in unregelmäßigen Abständen »Der Müßiggangster« als »Kontemplationsblatt der Glücklichen Arbeitslosen« herausgegeben. Zum programmatischen Anliegen betont der gebürtige Franzose Guillaume Paoli (Jahrgang 1959), der innerhalb der Mitte der 1990er Jahre gegründeten Initiative als Vordenker einer neuen Theorie der Arbeitslosigkeit gilt: »Muße ist nicht nur eine Abwesenheit von Arbeit, sondern auch eine Abwesenheit von Konsum. Und das unterscheidet Muße von Freizeit, weil Freizeit Konsum ist, heutzutage eine Industrie, und um Muße zu erleben, muß man sich davon distanzieren.«

Die glücklichen Arbeitslosen verstehen sich nicht als organisierte Gruppe, sondern als Zusammenschluß von Menschen, die »mit der gebührenden Langsamkeit und mit ruhigem Fanatismus« das Ziel verfolgen, ihr »Leben in der glücklichen Arbeitslosigkeit zu verbringen«. (Informationen unter www.diegluecklichenarbeitslosen.de)

Grabsprüche auf faule Leute

† Es tut
Im Grabe hier der gute Mann,
Was er im Leben einst getan:
Er ruht.

† Er hat gelebt, gegessen und getrunken,
Ist, wenn er schlafen ging,
in weichem Pflaum versunken,
Hat, wenn er Antwort gab,
nur mit dem Kopf genickt
Und ist nun sanft in seinem Fett erstickt.

† Hans schied von hier, wie er gekommen war,
Verzehrte Kapital und Zinsen gar,
Jeglicher Reichtum unnütz ihm erschien.
Ganz angenehm bracht' er sein Leben hin,
Genießend teilte er es also ein:
In Schlafen teils und teils in Müßigsein.
(nach Jean de La Fontaine)

† Er saß, er lag, er fuhr, höchst selten stand er auf –
Er hatte keinen Lebenslauf!

† Ich sterbe wahrlich mit Vergnügen
Und kann es kaum vor Gähnen sagen:
Ich darf ja draußen liegen
Und werde ja hinausgetragen.

† Hier ruh' ich aus von meiner Erdenplag',
Mich kann kein Hoffen mehr betrügen,
Und kommt dereinst der Auferstehungstag,
Ich rühr' mich nicht, ich bleibe liegen.

Faulpelze

Ob Pferd, ob Schaf, ob Sau –
was Fleiß angeht, sind's lau,
Ob Hund, ob Katz ob Bär –
sie faulen alle sehr.
In Tokio, New York, Bern,
sie arbeiten nicht gern.

Vom oberen und vom unteren faulen Pelz – die Faulheit im Tierreich

*Wolfgang Hörner, * 1964*

Gern – und ganz besonders, wenn ein arbeitsamer nordamerikanischer oder westeuropäischer Geldverdiener einen weniger strebsamen Mitmenschen darauf hinweisen will, daß das Leben durch Arbeit verdient werden muß – vergleicht er das menschliche Leben mit dem unbarmherzigen Kampf ums Überleben in der Natur, dem Darwinschen »struggle for life«. Unablässig müssen die Tiere auf der Suche nach Eßbarem umherstreifen, jede Sekunde des Lebens wachsam sein und praktisch immerzu aktiv. Nur der Findige überlebt – und Faulenzer haben keine Chance. Freilich gerät dieses Argument arg ins Wanken, wenn man die Energie aufbringt, das Leben im Tierreich mal genauer anzuschauen. Selbst die Menschen weniger profitorientierter Jahrhunderte haben beileibe nicht immer nur die »fleißigen« Tiere hochgeschätzt.

Löwe und Adler

Gern schmückten etwa adelige Herrscher ihre Wappen mit königlichen Tieren – dem *Löwen* etwa oder dem *Adler*. Ganz wie's dem Adel geziemt, sind diese aber – was den Fleiß angeht – eher für noble Zurückhaltung berühmt. Oder anders gesagt: Ihr Leben währet zwar nicht achtzig Jahr, aber wenn's glücklich war, ist's vor allem Faulenzen und Nichtstun gewesen. Der prächtige Leu liegt den Großteil des Tages dösend im Schatten irgendeines Baumes. Sage und schreibe zirka 22 Stunden am Tag verbringt er gammelnd, und zum Jagen schickt er in aller Regel den Rest des Rudels vor. Jeder halbwegs geschickte Steinadler läßt sich den lieben langen Tag von der Thermik tragen, selten genug bequemt er sich zu einem Flügelschlag. Leicht zu habendes Aas frißt er genausogern wie wirklich zu erjagende Beute. Im Alter bewegt er sich nur da, wo er sich auskennt, denselben Horst benutzt er gern mehrmals und Eier werden gerade mal zwei gelegt. Und gibt man einem in der Voliere gehaltenen Vogel gar ausreichend zu futtern, hat er – selbst bei offenem Käfig – nicht mehr die geringste Lust, sich zu bewegen. Dem satten Adler fehlt jeglicher Bewegungsdrang.

Kein Wunder also, wenn sich unter (kur)fürstlichen Residenzen wie der in Heidelberg nicht nur die Straße »Zum unteren faulen Pelz« findet, sondern gleich noch die Steigerungsform »Zum oberen faulen Pelz«. Auf Pelze oder in Federn gebettet lebt sich's einfach.

Und hätte es in vorvegetarischen Zeiten nicht als unwürdig gegolten, sich mit einer niedereren Seinsstufe wie den geistlosen Pflanzen zu vergleichen – vielleicht gälte jetzt die Rübe oder die Kartoffel als König des Pflanzenreichs und wäre in vielen Wappen zu finden. Oder – das definitiv faulste aller Tiere, das *Pflanzenschaf Boranez*, das der Weltenfahrer Pigafetta beschrieb. Leider hat es sich schnell als Fama herausgestellt. Aus einem melonenartigen Samen soll es Berichten nach wachsen – und angeblich hat es als einziges Tier mit dem gesamten Pflanzenreich gleichgezogen und der lästigen Fortbewegung gänzlich entsagt. Es soll seine Nahrung aus einem Stiel am Bauchnabel aus dem Inneren der Erde beziehen.

Pflanzenschaf

Ameise und Biene

Nur die Urväter des Kapitalismus, die Protestanten und sonstige christliche Sekten haben

Boranez, aus: Claude Duret, Histoire admirable des plantes et herbes esmerveillables, Paris 1605

es mit dem ewigen Fleiß – der große Bestseller des deutschen 18ten Jahrhunderts war Christian Gotthilf Salzmanns »Ameisenbüchlein«, ein Werk »zu einer vernünftigen Erziehung der Erzieher« und dem Jüngling Hermann gewidmet, der »du in deiner Brust ein Streben fühlst, durch Tätigkeit für Menschenwohl dich in der Welt auszuzeichnen« – eine Anleitung zur rechten Strebsamkeit also. Die unablässig – auch vor europäischen Haustüren – missionierenden Mormonen, bei denen Nützlichkeit, Betriebsamkeit und Fleiß alles ist, haben ihren ganzen Staat, einen US-Bundesstaat, nach der fleißigen Biene genannt – Utah, der Beehive-State, hat einen Bienenkorb als Wappen. Selbst Autos haben in diesem US-Staat den Bienenkorb auf dem Kennzeichen.

Die alten Athener, die Wegbereiter der westlichen Kultur, waren da ganz anders gestimmt – ihr Wappentier ist die

Eule schläfrige *Eule*, die zwar den lieben langen Tag dösend verbringt, dafür aber als weiser gilt. Und die Emblematiker des Barock wußten, daß auch ausgesprochen langsame und wenig betriebsame Tiere wie *Schnecke* und *Schildkröte* nicht zu verachten sind. »Festina lente« (»Eile mit Weile«) lautet der Leitspruch vieler Barockgelehrter, die wußten, daß Hektik schädlich ist.

Schnecke und Schildkröte

Als ein Beispiel dafür sei das 1640 veröffentlichte Emblem von Peter Isselburg gezeigt, das eine Schildkröte mit einem Mast darauf darstellt, die unter dem Motto »Wohlgetanes ist schnell genug« segelt:

Ein Schildkröt /
ob's schon langsam kreucht /
Jedoch so sie sich nicht auffzeucht /
auffm Weg /
sondern embsig fortschreit /
Kompts auch zum Ziel zur rechten Zeit. /
Wann was nur wol vnd glücklich gschicht
Hat man's zeitlich gnug ausgricht.

Auch die langsame Schnecke wurde für ihr Tempo nicht etwa gescholten – nein: sie wurde gerade deshalb von Denis Lebey de Batilly 1551 als Tier der Weisheit dargestellt.

Wie die Schnecken vorsichtig tastenden Schritts dahinschleichen
und mit ihren Fühlern die Sicherheit des Weges vorher erforschen,
so prüft der Weise alle Fälle und pflegt (nur) eifrig zu sein,
nachdem er jedes Hindernis zuvor untersucht hat.

Faultier Nicht nur Schildkröte und Schnecke, auch das *Faultier* fand im sechzehnten Jahrhundert einen ergebenen Verehrer. Der Universalgelehrte und selbsternannte Prophet Guillaume Postel erklärte es zu seinem Wappentier: Wenig wußte man damals von dem Tier. Nicht zum Beispiel, daß die – zu Tarnungszwecken übrigens sehr taugliche – ins Grünliche gehende Fellfärbung dem außerordentlich sparsamen Bewegungsdrang des Tieres und seinem mäßigen Eifer bei der Fellpflege zuzuschreiben ist, weswegen die Algen auf ihm prächtig gedeihen. Aber man sagte ihm nach, es sei den Menschen vom Antlitz her außerordentlich ähnlich (siehe Abbildung auf Seite 54). Auch hieße es, es komme in zwei Tagen keinen Steinwurf weit, und schon der Spanier Gonsalvo Ferdinando Oviedo, von dem die erste Beschreibung eines Faultiers stammt, hielt es für außerordentlich träge und mißgestalt, eine Art Verirrung der Natur. Seine Schilderung des Tieres endet mit den Worten: »Und übrigens habe ich bis zur Stunde kein so dummes und unnützes Tier gesehen wie dieses.« Postel jedoch hielt es für eines der verehrungswürdigsten Wesen überhaupt. Dem Faultier wurde nämlich nachgesagt, daß es so träge sei, daß es gar keine Nahrung zu sich nehme und von der Luft allein lebe – und so, sagt Postel – könne man gerade durch das Faultier einen Vorgeschmack des Paradieses bekommen. Denn im Faultier zeige sich schon auf Erden, wie ein lebendes Wesen ohne die Notwendigkeit zu essen und zu trinken fortbestehen könne, wie ein Leben quasi ohne Körperfunktionen schon hier möglich sei.

Das Riesenfaultier, mammutgroß, /
Und faul natürlich, bodenlos,
Ist ausgestorben, wie man weiß: /
Man hat es umgebracht, mit Fleiß!
Ein kleines lebt noch, namens Ai, /
In Uru- wie in Paraguay.

Es rührt sich, hängend hoch im Baum, /
Mitunter ganze Tage kaum.
Die Früchte wachsen ihm ins Maul, /
Doch ist's zum Fressen noch zu faul.
Um aber nicht vom Ast zu fallen, /
Besitzt es große Sichelkrallen.
Noch nie hat es daran gedacht, /
Wie weit durch Arbeit wir's gebracht:
Zum Ende der Gemütlichkeit, /
Zu Kriegen – wahrlich, herrlich weit!
Vielleicht kehrt, als zum einzigen Glück, /
Der Mensch zur Faulheit noch zurück!
Eugen Roth, 1895–1976

Faultier aus dem Tierbuch von Konrad Gesner, Zürich 1563.

Eine Idee, der der englische Arzt, Gelehrte und Schriftsteller Sir Thomas Browne einst auf andere Weise nachgehangen ist: Ein wenig verstört von den wenig noblen Exaltationen, die mit der menschlichen Fortpflanzung einhergehen, seufzte er in einer seiner Schriften: »I wish I could procreate like trees« – und träumte von der lautlosen Bewegungsarmut der vegetativen Pflanzenvermehrung.

Doch zurück ins Tierreich selbst. Schaut man sich dort einmal richtig um, wird man bemerken, daß dort keinesfalls ewiges Gewimmel und rastlos rühriges Treiben herrschen. Im Gegenteil. Die Natur döst – wie der Publizist Michael Miersch in seinem Aufsatz »Von der Natur aus faul« nachweist. Tierfilmer wissen davon ein Lied zu singen – wollen sie doch bewegte Bilder vor die Linse bekommen. Ihre größte Begabung aber ist die Geduld – denn ihre Hauptarbeit besteht im zermürbend langen Warten darauf, daß die Tiere, die sie aufnehmen wollen, auftauchen oder aufwachen.

Hund und Katze

Wer eine *Katze* oder einen *Hund* daheim hat, kann dies selbst nachvollziehen – den lieben langen Tag dösen die Guten, nur einen winzigen Bruchteil des Tages sind sie wirklich aktiv. Noch klarer wird es dem Besitzer eines Terrariums: Geht die Temperatur zurück, rührt sich im Kasten nichts mehr – und hat man den Fehler gemacht, einer *Schlange* erst mal etwas zu füttern, liegt sie mitunter in wochenlangem Verdauungsschlaf. Eine 2,4 Meter lange Python braucht zur Verdauung eines Kaninchens – je nach Außentemperatur – fünf bis fünfzehn Tage. Den Fastenrekord hält eine afrikanische Python, die nachweislich zwei Jahre und neun Monate ohne neues Futter aushielt. Der Fernsehzuschauer kennt *Walrosse* wahrscheinlich überhaupt nur als am Strand liegende Tiermasse – und in der Tat: 66,9 Prozent ihrer Zeit, so haben Wissenschafter punktgenau errechnet, ruhen sie. Auf fünfzehn Stunden Schlaf pro Tag bringen es die Faultiere, von den Löwen haben wir schon gehört – und selbst *Schimpansen* – bekanntermaßen die menschen-

Schlange

Walroß

Schimpanse

ähnlichsten Tiere, mit denen wir 99 Prozent des Erbgutes teilen – opfern selbst in kargen Notzeiten maximal sieben Stunden täglich für die Nahrungssuche.

Überhaupt: Tiere sind Weltmeister darin, sich das Leben einfach zu machen. Der *Kuckuck*, man ***Kuckuck*** kennt es, läßt sich sogar das Brüten abnehmen. Er verteilt – pro Jahr bis zu fünfundzwanzig – eigene Eier einfach in fremden Nestern und spart sich so die lästige Aufzucht der wirklich anstrengenden Jungkuckucks. *Kaiserpinguine* verzichten gänzlich auf den Nestbau und las- ***Kaiserpinguin*** sen ihre Männchen das einzige Ei, das sie jährlich legen, 63 Tage lang auf ihren Füßen balancieren oder in einer Hautfalte am Bauch bebrüten – ebenso alle Beuteltiere, die den Nachwuchs direkt am Tiere tragen. Eine *Buntbarsch*spezies, der Rothaubenerdfresser, geht ***Fisch*** auf Nummer sicher und brütet seine ca. 100 Eier direkt im eigenen Maul aus. Noch sparsamer sind die meisten anderen Fische sowie fast alle Insekten und Reptilien – sie überlassen die Eier, die sie legen, einfach ihrem Schicksal. Da gilt es noch als fürsorglich, wenn Schlangen sie an einem besonders warmen Ort, etwa in einem Heuhaufen oder an einer schön besonnten Stelle, vergraben.

Manche Tiere bauen sogar ganze energiesparende Entwicklungsstufen ein, um den Unbillen eines arbeitsamen Lebens möglichst lange aus dem Weg zu gehen. Bevor *Schmetterlinge* als »farfalische Baumfalter und ***Schmetterling*** papilonische Butterfliegen und mariposische Botterschützen« (Johann Fischart) dekorativ durch die Lüfte gaukeln, existieren sie oft monatelang als Raupe, deren einzige Beschäftigung sich auf einfache Prinzipien reduziert: sich wenig bewegen und dafür fressen, fressen, fressen, oder als Puppe, die bewegungslos an einer Stelle hängt. Noch doller treibt's der *Maikäfer* – bevor er sich ***Maikäfer*** auf seinen berühmten, kräfteverzehrenden Flug begibt, lebt er drei bis fünf Jahre als immer fetter werdender Engerling wohlig unter der Erde – ge-

Zikade

schlagen freilich von der nordamerikanischen *Zikade* Magicicada septendecim. Die Larven dieser Zikade schlüpfen nach fünf bis acht Wochen aus den Eiern und graben sich dann in den Boden ein. Dort verbringen sie sage und schreibe 17 Jahre, bevor sie schlüpfen und für vier bis acht Wochen ihr anstrengendes und gefährliches überirdisches Dasein fristen.

Seepferdchen und Seenadel

Albatros

Im Ausnutzen fremder Energie sind Tiere ohnehin Weltmeister. *Seepferdchen* und andere *Seenadeln* lassen sich lieber vom Wellengang schaukeln als selbst zu schwimmen, und der *Albatros*, mit einer Spannweite von bis zu dreieinhalb Metern neben dem Kondor einer der größten Segler, läßt sich viele Kilometer weit von den Winden tragen. Selbst bei Flugleistungen von bis zu 900 Kilometern am Tag bewegt er kaum einmal die Flügel. Er ist so abhängig vom Wind (von dem er sich meist sogar Starthilfe geben läßt), daß sein Verbreitungsgebiet sich klar umgrenzen läßt: Nur weitgehend baumlose Inseln oder baumlose Stellen, an denen fast das ganze Jahr hindurch starke Winde wehen und Starthilfe geben, sind ihm genehm. Das paßt gut zu dem ohnehin etwas eigenen Gesell, der sein Leben lang mit dem Partner, den er einmal gewählt hat, zusammenbleibt und nur alle zwei Jahre ein einsames Ei auf den kahlen

Dohle

Spinne

Felsen legt. *Alpendohlen* profitieren sogar noch von den sturmartigen Winden, die an Berghängen hinauf- oder hinabfegen. Auch junge *Spinnen* nutzen im Herbst gern den Wind als Antrieb, neue Lebensräume zu finden – sie machen einen Spinnfaden an einem Halm oder Ast fest und lassen sich dann treiben. Jeder hat das als »Altweibersommer« bekannte Phänomen schon gesehen. Treibenlassen ist bequemer und weit effektiver als mühseliges Krabbeln. Solche »fliegenden« Spinnen hat man schon in vier-

Bei den fleißigen Ameisen herrscht eine sonderbare Sitte: Die Ameise, die in acht Tagen am meisten gearbeitet hat, wird am neunten Tage feierlich gebraten und von den Ameisen ihres Stammes gemeinschaftlich verspeist. Die Ameisen glauben, daß durch dieses Gericht der Arbeitsgeist der Fleißigsten auf die Essenden übergehe. Und es ist für eine Ameise eine ganz außerordentliche Ehre, feierlich am neunten Tage gebraten und verspeist zu werden.

Aber trotzdem ist es einmal vorgekommen, daß eine der fleißigsten Ameisen kurz vorm Gebratenwerden noch folgende kleine Rede hielt: »Meine lieben Brüder und Schwestern! Es ist mir ja ungemein angenehm, daß Ihr mich so ehren wollt! Ich muß Euch aber gestehen, daß es mir noch angenehmer sein würde, wenn ich nicht die Fleißigste gewesen wäre. Man lebt doch nicht bloß, um sich totzuschuften!«

»Wozu denn?« schrieen die Ameisen ihres Stammes – und sie schmissen die große Rednerin schnell in die Bratpfanne – sonst hätte dieses dumme Tier noch mehr geredet.

Paul Scheerbart, 1863–1915

tausend Metern Höhe und in Entfernungen von über einhundert Kilometern von der Küste angetroffen.

Bär

In Alaska jagen kluge *Bären* während der Lachssaison nicht etwa den schnellen Fischen hinterher – sie stellen sich bei Wasserfällen – wie z. B. den als Bären-Beobachtungspunkt berühmten Brooks Falls – an die Kante und warten darauf, daß die Fische ihnen bei ihrem kräftezehrenden Kampf strom- und stromschnellenaufwärts vor die Tatze oder sogar direkt ins Maul springen.

Schiffshalter

Und der zirka 60 cm lange Schiffshalter hängt sich einfach an den Holzboden von Schiffen und

Die Neger am Senegal versichern steif und fest, die Affen seien Menschen ganz wie wir, jedoch klüger, indem sie sich des Sprechens enthalten, um nicht als Menschen anerkannt und zum Arbeiten gezwungen zu werden.
Heinrich Heine, 1797–1856

läßt sich mitziehen. Da sie damit die Schiffe in ihrer Manövrierfähigkeit beeinträchtigten, waren sie jahrhundertelang bei Seefahrern gefürchtet. Der römische Imperator Marc Antonius wird sie regelrecht verflucht haben, denn nach Plinius verlor seine Flotte die entscheidende Seeschlacht von Actium 31 vor Christus wegen der Behinderung durch diese Fische schmählich. Und selbst die für ihre Flugkünste vielbelobigte *Brieftaube* verläßt sich hin und wieder auf fremde Transporthilfen: So sollte jüngst die englische Jungbrieftaube Billy zu einer einfachen Ärmelkanal-Überquerung ausrücken, von der französischen Küste zurück in den heimischen Schlag nach Bootle im Nordwesten Englands. Drei Wochen wurde sie vermißt – dann tauchte sie in den Vereinigten Staaten wieder auf. Reife Leistung, mag nun mancher denken – die Fachleute der Königlichen Brieftauben-Rennvereinigung denken allerdings anders: Sie vermuten, daß Billy sich einfach auf einen Dampfer gesetzt und so mithilfe eines Schiffs den weiten Weg zurückgelegt hat. Zurück kam sie dann allerdings durch die Luft – per Flugzeug mit British Airways.

Taube

Für die Bewegungsfreude der Tiere gibt es keine Gesetze, aber doch immerhin ein paar Faustregeln: Je weiter im Norden, desto fauler, lautet etwa die eine. Denn im Norden gilt es, exzessiv lange Winter zu überdauern – der Schlaf der Natur ist dort klimabedingt wesentlich länger als in gemäßigten

Breiten. Dort wäre die Winterruhe eines *Siebenschläfers* (Lieblingstier des Schriftstellers Albert Vigoleis Thelen, der sich einmal die Mühe machte, alle seine deutschen Namen zu sammeln: etwa Buchmaus, Bergmaus, Bergroll, Bilch, Bilchmaus, Bilge, Bille, Bilich, Bilg, Glis-Glis, Graue, Grauel, Gräuel, Haselmaus, Haselratze, Klippdachs, Lullmaus, Rassel, Ratze, Relle, Rellmaus, Rellratz, Rellvieh, Roll, Siebenvieh, Speismaus, Speiszeist, Schrotbille, Schrotmaus, Ziesel, Zeisel, Zeiselratze, Zeisrazze, Zeismaus, Zieselrelle, Zismaus, Zischmaus, schläfriges Eichhorn, Schlafmaus, Schlafratze, Schlafzeist, Schlummerlunze und eben Siebenschläfer), der fast sieben Monate ruht, gar nicht so ungewöhnlich. In Äquatornähe indes gilt: »Je weniger Bewegung, desto weniger Wasserverbrauch« – was auch wieder zu eher geruhsamer Lebensform anhält. Ein durchschnittliches Tierleben dort sieht wahrscheinlich ungefähr so aus, wie es die Verhaltensforscherin Anne E. Rasa über die *Fuchsmangusten*, die in der Kalahari leben, formuliert: »Im Winter stehen sie um zehn Uhr auf und sonnen sich zwei Stunden lang. Dann verbringen sie vier bis fünf Stunden auf der Suche nach Beute. Danach kehren sie zum Bau zurück und ruhen wieder.«

Siebenschläfer

Der afrikanische *Lungenfisch* Protopterus annectens gräbt sich in den Schlamm austrocknender Seen ein und überdauert dort in einem Hohlraum gar bis zu vier Jahre.

Fisch

Freilich – dies sind Extremklimate. Und wir wollen nicht verhehlen, daß *Aale*, *Lachse* oder *Zugvögel* unter besonderen Umständen auch wirklich lange Strecken zurücklegen. Aber nur unter besonderen Umständen – denn normalerweise muß man wohl dem Biologen Adrian Forsyth Glauben schenken, der resümierte: »Tiere

Alle Lebewesen
außer den
Menschen wissen,
daß der Hauptzweck des Lebens
darin besteht,
es zu genießen.

Samuel Butler,
1835–1902

sind entsetzlich faul.« Denn – kein Tier arbeitet auch nur ansatzweise soviel wie die Menschen – die meisten höchstens halb soviel oder gar nur ein Viertel.

Aber wie sieht es nun mit jenen berühmten Fleiß- und Wimmeltieren aus, die unsere christlichen Mitmenschen so beeindrucken, den *Bienen* und den *Ameisen*?

Biene und Ameise

Letztere bestechen zwar durch Masse, und weil dort viele Individuen wuseln, sieht ein Ameisenhaufen ungemein geschäftig aus – als englische Forscher jedoch mit der Stoppuhr den Tagesablauf einzelner Individuen der Art Letothorax acervorum untersuchten, kam es zu folgendem, recht unerwartetem Befund: 78 Prozent ihrer Lebenszeit macht eine Ameise nichts anderes als – ausruhen.

Und die mormonischen Bienen? Die Religionseiferer sollten sich glücklich schätzen, wenn ihre Mitglieder nicht deren Vorbild folgen. Denn wie der Forscher Martin Lindauer herausfand, verbringen sie nur 30 Prozent des Tages mit Arbeit. Und im Winter tun sie nichts, als sich an den Honigvorräten zu laben und die Temperatur im Stock aufrechtzuerhalten.

Mormones o mores!

Müßiggänger

Muße und Müßiggang

Friedrich Nietzsche, 1844–1900

> Unbedingte Tätigkeit macht zuletzt bankrott.
>
> *Johann Wolfgang von Goethe, 1749–1832*

Es ist eine indianerhafte, dem Indianerblute eigentümliche Wildheit in der Art, wie die Amerikaner nach Gold trachten; und ihre atemlose Hast der Arbeit – das eigentliche Laster der neuen Welt – beginnt bereits durch Ansteckung, das alte Europa wild zu machen und eine ganz wunderliche Geistlosigkeit darüberzubreiten. Man schämt sich jetzt schon der Ruhe; das lange Nachsinnen macht beinahe Gewissensbisse. Man denkt mit der Uhr in der Hand, wie man zu Mittag ißt, das Auge auf das Börsenblatt gerichtet – man lebt wie einer, der fortwährend etwas »versäumen könnte«. »Lieber irgend etwas tun als nichts« – auch dieser Grundsatz ist eine Schnur, um aller Bildung und allem höheren Geschmack den Garaus zu machen. Und so, wie sichtlich alle Formen an dieser Hast der Arbeitenden zugrunde gehen, so geht auch das Gefühl für die Form selber, das Ohr und Auge für die Melodie der Bewegungen, zugrunde.

Der Beweis dafür liegt in der jetzt überall geforderten *plumpen Deutlichkeit*, in allen den Lagen, wo der Mensch einmal redlich mit Menschen sein will, im Verkehre mit Freunden, Frauen, Verwandten, Kindern, Lehrern, Schülern, Führern und Fürsten – man hat keine Zeit und keine Kraft mehr für die Zeremonie, für die Verbindlichkeit mit Umwegen, für allen Esprit der Unterhaltung und überhaupt für alles *otium*. Denn das Leben auf der Jagd nach Gewinn zwingt fortwährend dazu, seinen Geist bis zur Erschöpfung auszugeben, in beständigem Sichverstellen oder Überlisten oder Zuvorkommen: Die eigentliche Tugend ist jetzt, etwas in weniger Zeit zu tun als ein anderer. Und so gibt es nur selten Stunden der *erlaubten* Redlichkeit; in diesen aber ist man müde und möchte sich nicht nur »gehen lassen«, sondern lang und breit und plump sich *hinstrecken*. Gemäß diesem Hange schreibt man jetzt seine *Briefe*, deren Stil und Geist immer das eigentliche *Zeichen der Zeit* sein werden. Gibt es noch ein Vergnügen an Gesellschaft und Künsten, so ist es ein Vergnügen, wie es müde gearbeitete Sklaven sich zurechtmachen. Oh über diese Genügsamkeit der »Freude« bei unseren Gebildeten und Ungebildeten! Oh über diese zunehmende Verdächtigung aller Freude!

Die *Arbeit* bekommt immer mehr alles gute Gewissen auf ihre Seite: Der Hang zur Freude nennt sich bereits »Bedürfnis der Erholung« und fängt an, sich vor sich selber zu schämen. »Man ist es seiner Gesundheit schuldig« – so redet man, wenn man auf einer Landpartie ertappt wird. Ja, es könnte bald so weit kommen, daß man einem Hange zur *vita contemplativa* (das heißt zum Spazierengehen mit Gedanken und Freunden) nicht ohne Selbstverachtung und schlechtes Gewissen nachgäbe. – Nun! Ehedem war es umgekehrt: Die Arbeit hatte das schlechte Gewissen auf sich. Ein Mensch von guter Abkunft *verbarg* seine Arbeit, wenn die Not ihn zum Arbeiten zwang. Der Sklave arbeitete unter dem Druck des Gefühls, daß er etwas Verächtliches tue – das »Tun« selber war etwas Verächtliches. »Die Vornehmheit und die Ehre sind allein *otium* und *bellum*«: So klang die Stimme des antiken Vorurteils!

⋆

Wie macht doch Arbeit das Leben sauer, die Seele krank und die Glieder wund!

Frank Wedekind, 1864–1918

Hat man wohl beachtet, inwiefern zu einem eigentlich religiösen Leben (und sowohl zu seiner mikroskopischen Lieblings-Arbeit der Selbstprüfung als zu jener zarten Gelassenheit, welche sich »Gebet« nennt und eine beständige Bereitschaft für das »Kommen Gottes« ist) der äußere

Müßiggang oder Halb-Müßiggang nottut, ich meine der Müßiggang mit gutem Gewissen, von alters her, von Geblüt, dem das Aristokraten-Gefühl nicht ganz fremd ist, daß Arbeit *schändet* – nämlich Seele und Leib gemein macht? Und daß folglich die moderne, lärmende, Zeit auskaufende, auf sich stolze, dumm-stolze Arbeitsamkeit, mehr als alles übrige, gerade zum »Unglauben« erzieht und vorbereitet? Unter denen, welche zum Beispiel jetzt in Deutschland abseits von der Religion leben, finde ich [...] eine Mehrzahl solcher, denen Arbeitsamkeit, von Geschlecht zu Geschlecht, die religiösen Instinkte aufgelöst hat, so daß sie gar nicht mehr wissen, wozu Religionen nütze sind, und nur mit einer Art stumpfen Erstaunens ihr Vorhandensein in der Welt gleichsam registrieren. Sie fühlen sich schon reichlich in Anspruch genommen, diese braven Leute, sei es von ihren Geschäften, sei es von ihren Vergnügungen, gar nicht zu reden vom »Vaterlande« und den Zeitungen und den »Pflichten der Familie«; es scheint, daß sie gar keine Zeit für die Religion übrig haben, zumal es ihnen unklar bleibt, ob es sich dabei um ein neues Geschäft oder ein neues Vergnügen handelt.

> Mir scheint nämlich selbst ein freier Bürger nicht wirklich frei zu sein, der nicht irgendwann auch einmal einfach nichts tut.
>
> *Marcus Tullius Cicero, 1063 v. Chr.*

> Unser Leben ist der Mord durch Arbeit wir hängen sechzig Jahre lang am Strick und zappeln, aber wir werden uns losschneiden.
>
> *Georg Büchner, 1813–1837*

*

Es ist das Unglück der Tätigen, daß ihre Tätigkeit fast immer ein wenig unvernünftig ist. Man darf zum Beispiel bei dem geldsammelnden Bankier nach dem Zweck seiner rastlosen Tätigkeit nicht fragen; sie ist unvernünftig. Die Tätigen rollen, wie der Stein rollt, gemäß der Dummheit der Mechanik.

Alle Menschen zerfallen, wie zu allen Zeiten so auch jetzt noch, in Sklaven und Freie; denn wer von seinem Tage nicht zwei Drittel für sich hat, ist ein Sklave, er sei übrigens, wer er wolle: Staatsmann, Kaufmann, Beamter, Gelehrter.

★

Zum Zeichen dafür, daß die Schätzung des beschaulichen Lebens abgenommen hat, wetteifern die Gelehrten jetzt mit den tätigen Menschen in einer Art von hastigem Genusse, so daß sie also diese Art zu genießen höher zu schätzen scheinen als die, welche ihnen eigentlich zukommt und welche in der Tat viel mehr Genuß ist. Die Gelehrten schämen sich des otium. Es ist aber ein edel Ding um Muße und Müßiggehen. – Wenn Müßiggang wirklich der *Anfang* aller Laster ist, so befindet er sich also wenigstens in der nächsten Nähe aller Tugenden; der müßige Mensch ist immer noch ein besserer Mensch als der tätige. – Ihr meint doch nicht, daß ich mit Muße und Müßiggehen auf euch ziele, ihr Faultiere?

Gewinnsucht hat die Menschen in einem solchen Maße ergriffen, daß der Reichtum mehr sie zu besitzen scheint als sie ihn.

Gaius Plinius Caecilius Secundus Minor, 61/62 bis um 113

Erleuchtung

Heinrich Heine, 1797–1856

Michel! Fallen dir die Schuppen
Von den Augen? Merkst du itzt,
Daß man dir die besten Suppen
Vor dem Munde wegstibitzt?

Als Ersatz ward dir versprochen
Reinverklärte Himmelsfreud,
Droben, wo die Engel kochen
Ohne Fleisch die Seligkeit!

Michel! Wird dein Glaube schwächer
Oder stärker dein App'tit?
Du ergreifst den Lebensbecher,
Und du singst ein Heidenlied!

Michel! Fürchte nichts und labe
Schon hienieden deinen Wanst,
Später liegen wir im Grabe,
Wo du still verdauen kannst.

Sie arbeiten alle

Hans Paasche, 1881–1920

> Beachtenswert ist es, daß im Süden, wo die Not des Lebens weniger schwer auf dem Menschengeschlecht lastet und mehr Muße gestattet, auch die geistigen Fähigkeiten, selbst der Menge, sogleich regsamer und feiner werden.
>
> *Arthur Schopenhauer, 1788–1860*

Ich (ein fiktiver Afrikaner namens Lukanga Mukara, der bei einem Deutschland-Besuch in Briefen an den Stammeskönig von Kitara ironisch-satirische Gesellschaftskritik am späten Wilhelminismus übt) ging einem großen Rauch nach und kam in einen Trupp von Leuten, die denselben Weg gingen. Es waren Männer und Frauen, die alle nicht froh aussahen. Ich fragte einen jungen Sungu (Weißen), weshalb er so schnell gehe, ob es da, wo er hingehe, etwas Schönes zu sehen gebe? Er lachte spöttisch und unfreundlich und sagte, er gehe zur Arbeit, und wenn er zu spät komme, schelte der »Alte«. Und der Eilige hatte nicht Zeit, mit mir weiter zu sprechen.

Es gibt überhaupt keinen Sungu, der es nicht eilig hat. Jeder hat immer etwas vor, und jetzt weiß ich auch, weshalb der Sungu, der Kitara bereiste, die Männer so oft fragte: »Was arbeitest du?« Und weshalb er sich erregte, wenn er die Antwort bekam: »Tinkora mlimô mingikala.« – »Ich arbeite nicht; ich bin vorhanden.« Das erboste ihn, weil es in Deutschland keinen Mann gibt, der ohne Arbeit zufrieden sein dürfe, es sei denn, er habe viel Geld. Sie arbeiten alle, weil sie Geld haben wollen. Und wenn sie Geld haben, benutzen sie es nicht dazu, sich Glück zu verschaffen, was ja nichts kosten würde, sondern sie lassen sich von anderen, die Geld gewinnen wollen, einreden, sie müßten, um glücklich zu sein, alle möglichen Dinge kaufen. Dinge, die ganz unnütz sind und da gemacht werden, wo der Rauch aufsteigt.

Ich glaube, ein Mann, der mit wenigem auskommt und nichts kauft, ist in Deutschland nicht angesehen. Ein Mann aber, der sich mit tausend Dingen umgibt, die er aufbewahren, beschützen, verschließen und reinigen, ja, die er täglich ansehen muß, der gilt etwas. Und solch ein Mann kann doch zu nichts Rechtem Zeit haben, er kann auch nichts Nützliches tun. Er wird immer auf seinen Sachen sitzen müssen, anstatt in die Welt hinauszugehen und Lieder kennenzulernen. Dazu gehören in Kitara nur ein Stock, ein geflochtener Beutel mit zwei Hölzern zum Feuerreiben und eine Zupfgeige. Wer das an sich nimmt, kann reisen, und wenn er, nach Monden, heimkommt, von den Tänzen und Liedern fremder Völker erzählen, von der Art, wie andere Völker den Elefanten jagen und wie sie die reifen Jungfrauen schmücken.

Das ist der Irrtum, der über dem Lande liegt: Auch in Deutschland mag einst Rauch den Ort glücklichen Schaffens angezeigt haben; jetzt ist das vorbei. Zum Fluch wurde die Arbeitskraft, die das Feuer erzeugt, elende Sklaven sind die Eingeborenen, die mit der Kraft des Feuers arbeiten. Das sah ich, als ich dem Rauch nachging. In furchtbarem Lärm, der größer ist als die Gewitter des Frühlings, stehen Männer und Frauen und bewegen ihre Hände an den Maschinen. Sie stehen da, in schlechter Luft, in geschlossenem Raum und am ganzen Körper bekleidet. Sie machen eine Arbeit, die nie fertig wird, machen jahrelang dieselbe Arbeit. Wieviel besser ist es doch in Kitara! Da hat jede Jahreszeit ihre besondere Arbeit, und niemand braucht das ganze Jahr über am Blasebalg zu stehen oder Rindenstoff zu klopfen. Zur Bestellung des Landes müssen die Hacken fertig sein. Vorher hämmern die Schmiede, und vor den Schmieden wird das Eisen ausgeschmolzen. Der Rauch verzieht sich wieder, und die zartesten Pflanzen wachsen um den Hochofen herum. Und auch die Lungen der Menschen werden wieder rein.

Slow-City-Bewegung
Von Italien ausgehende Initiative zur gezielten lokalen Förderung von Langsamkeit, Genuß und Nachhaltigkeit, der sich bereits zahlreiche Gemeinden angeschlossen haben und die über die Landesgrenzen hinaus – auch nach Deutschland hinein – zu wirken begonnen hat. Als erste außeritalienische Kommune erhielt 2002 das fränkische Städtchen Hersbruck (12 000 Einwohner) das begehrte Prädikat »Slow City«; Bürgermeister Wolfgang Plattmeier: »Wir Franken sind stille Genießer!«

Die drei Zigeuner

Nikolaus Lenau, 1802–1850

Drei Zigeuner traf ich einmal
Liegen an einer Weide,
Als mein Fuhrwerk mit müder Qual
Schlich durch die sandige Heide.

Hielt der eine für sich allein
In den Händen die Fiedel,
Spielte, umglüht vom Abendschein,
Sich ein feuriges Liedel.

Hielt der zweite die Pfeif' im Mund,
Blickte nach seinem Rauche,
Froh, als ob er vom Erdenrund
Nichts zum Glücke mehr brauche.

Und der dritte behaglich schlief,
Und sein Cimbal am Baum hing,
Über die Saiten der Windhauch lief,
Über sein Herz ein Traum ging.

An den Kleidern trugen die drei
Löcher und bunte Flicken,
Aber sie boten trotzig frei
Spott den Erdengeschicken.

Dreifach haben sie mir gezeigt,
Wenn das Leben uns nachtet,
Wie man's verraucht, verschläft, vergeigt
Und es dreimal verachtet.

Nach den Zigeunern lang noch schaun
Mußt' ich im Weiterfahren,
Nach den Gesichtern dunkelbraun,
Den schwarzlockigen Haaren.

Stunden für die Seele

Walt Whitman, 1819–1892

Wonnemonat Mai – Monat der schwärmenden, singenden, sich paarenden Vögel – Monat der Hummeln – Monat des blühenden Flieders (und auch mein Geburtsmonat). Es ist kurz nach Sonnenaufgang, und ich schreibe diesen Abschnitt draußen am Fluß. Das Spiel des Lichts, die Düfte, die Melodien – die Wacholderdrosseln, Schwarzohrsandpieper, Wanderdrosseln, wohin man auch schaut – das lärmende, klingende, natürliche Konzert. Die Untermalung bildet das nahe Klopfen eines Spechtes und das entfernte Trompetengeschmetter eines Hahnes. Dann der frische Duft nach Erde – die Farben, die zarten Grau- und schwachen Blautöne am Horizont. Das leuchtende Grün des Grases hat durch die Milde und Feuchtigkeit der beiden letzten Tage einen zusätzlichen Anstrich erhalten. Wie die Sonne am weiten, klaren Himmel ruhig aufsteigt zu ihrer Tagesreise! Wie die warmen Strahlen alles baden und küssen und beinahe glutheiß über meine Wangen streichen!

Es ist eine Weile her seit dem Gequak der Teichfrösche und dem ersten Weiß der Hartriegelblüten. Nun sprenkelt der goldene Löwenzahn in endloser Verschwendung überall den Boden. Die weißen Kirsch- und Birnenblüten, die wilden Veilchen, die mit ihren blauen Augen aufschauen und meinen Füßen salutieren, da ich am Rande des Waldes entlangschlendere. Der rosige Glanz aufblühender Apfelbäume, das leuchtend klare Smaragdgrün der Weizenfelder, das dunklere Grün des Roggens, eine warme Geschmeidigkeit erfüllt die Luft, die Zedernsträucher überreich mit ihren kleinen brauen Zapfen bedeckt – der Sommer erwacht ganz und gar. Die Amseln sammeln sich in geschwätzigen Schwärmen auf einem Baum

> Nichtstun ist besser als mit viel Mühe nichts schaffen.
>
> *Lao-tse, 4./3. Jh. v. Chr.*

und erfüllen Ort und Stunde mit Lärm, da ich in ihrer Nähe sitze [...]

Ich schreibe unter einem großen wilden Kirschbaum – der warme Tag, angenehm temperiert durch einzelne Wolken und eine frische Brise, nicht zu stark und nicht zu schwach. Lange, lange sitze ich hier, eingehüllt in das tiefe musikalische Summen dieser Hummeln, die zu Hunderten hin und her schwirren, sich wiegen, mich umschwärmen – dicke Burschen mit hellgelben Röcken, großen leuchtenden, schwellenden Leibern, gedrungenen Köpfen und hauchdünnen Flügeln – fortwährend lassen sie ihr klangvolles, sanftes Gebrumm ertönen [...] Wie mich das alles kräftigt und zur Ruhe kommen läßt, auf eine höchst wünschenswerte Weise; die freie Luft, die Roggenfelder, die Obstgärten. Die letzten beiden Tage waren, was Sonne, Wind, Temperatur, überhaupt alles betrifft, ganz tadellos; nie hat es zwei vollkommenere Tage gegeben, und ich habe sie herrlich genossen [...]

Vollkommene oder nahezu vollkommene Tage, stelle ich fest, sind gar nicht so ungewöhnlich; aber die Kombinationen, die vollendete Abende hervorbringen, sind selten, sogar im Laufe eines ganzen Lebens. Heute abend haben wir eine dieser vollkommenen Erscheinungen. Der Sonnenuntergang ließ alles sehr klar hervortreten; die größeren Sterne waren zu sehen, sobald es die Schatten erlaubten. Kurz nach acht erschienen drei, vier große schwarze Wolken, dem Anschein nach aus verschiedenen Richtungen, und jagten in kräftigen Wirbeln, doch ohne Getöse dahin, entzogen das Firmament nach allen Seiten hin den Blicken und kündigten ein heftiges Wärmegewitter an. Doch Sturm, Wolken, Schwärze und alles – so plötzlich, wie sie gekommen waren, verschwanden sie auch wieder; und von kurz nach neun bis elf waren die Atmosphäre und die ganze Erscheinung da oben in jenem Zustand außergewöhnlicher Klarheit und Herrlichkeit, von dem ich gerade gesprochen habe [...] Ein großer Teil des Himmels schien von großen Phosphorflecken übersät zu sein. Man konnte tiefer hinein- und weiter hindurchschauen als üblich; die Himmelskörper standen dicht wie die Ähren des Weizens auf dem Feld. Nicht, daß da irgendeine besondere Pracht gewesen wäre – nichts auch nur annähernd so klar, wie ich es in strengen Winternächten gesehen habe, aber ein merkwürdiger Glanz über allem, der in die Augen drang, in Sinne und Seele [...]

Als wäre es wirklich zum ersten Male, so senkte die Schöpfung ihre milde, unsagbare Lektion in mich hinein und durch mich hindurch, hinaus – oh, so unendlich weit hinaus! – über alle Kunst, Bücher, Predigten oder Wissenschaft, alt oder neu. Die Stunde des Geistes – die Stunde der Religion – die sichtbare Eingebung Gottes in Raum und Zeit – jetzt einmal deutlich angezeigt, falls es nie wieder geschehen sollte. Die Himmel über und über von Unsagbarem erfüllt. Die Milchstraße wie eine übermenschliche Symphonie, eine Ode universeller Unbestimmtheit, Wort und Ton verschmähend – eine lodernde Flamme der Gottheit, adressiert an die Seele. Alles still – die unbeschreibliche Nacht und die Sterne – weit weg und still.

Sommerfrische

Joachim Ringelnatz, 1883–1934

Zupf dir ein Wölkchen aus dem Wolkenweiß,
Das durch den sonnigen Himmel schreitet.
Und schmücke den Hut, der dich begleitet,
Mit einem grünen Reis.

Verstecke dich faul in der Fülle der Gräser.
Weil' wohltut, weil's frommt.
Und bist du ein Mundharmonikabläser
Und hast eine bei dir, dann spiel, was dir kommt.

Und laß deine Melodien lenken
Von dem freigegebenen Wolkengezupf.
Vergiß dich. Es soll dein Denken
Nicht weiter reichen als ein Grashüpferhupf.

O süßes Nichtstun

Theodor Storm, 1817–1888

O süßes Nichtstun, an der Liebsten Seite
Zu ruhen auf des Bergs besonnter Kuppe;
Bald abwärts zu des Städtchens Häusergruppe
Den Blick zu senden, bald in ferne Weite!

O süßes Nichtstun, lieblich so gebannt
Zu atmen in den neubefreiten Düften;
Sich locken lassen von den Frühlingslüften,
Hinabzuzieh'n in das beglänzte Land;
Rückkehren dann aus einer Wunderferne
In deiner Augen heimatliche Sterne.

Klarer Tag

Richard Dehmel, 1863–1920

Der Himmel leuchtet aus dem Meer;
Ich geh' und leuchte still wie er.

Und viele Menschen geh'n wie ich,
Sie leuchten alle still für sich.

Zuweilen scheint nur Licht zu geh'n
Und durch die Stille hinzuweh'n.

Ein Lüftchen haucht den Strand entlang:
O wundervoller Müßiggang!

Naturvölker

Als die ersten Weltreisenden vor Jahrhunderten erstmals auf die sogenannten primitiven Völkerschaften trafen, zeigten sie sich tief beeindruckt. Ihr Verhältnis zu diesen verstörend fremden Menschenwesen bewegte sich zunächst ausschließlich zwischen zwei Extremen: zwischen Abwehr und Verlangen, zwischen überheblicher oder angsterfüllter Distanz zu jenen »Barbaren« und verzückter, hoffnungsfroher Sympathie gegenüber den als edel, glücklich und unverbildet angesehenen »Wilden«. Vor allem die gelöste Freundlichkeit im Umgang untereinander wie auch den Fremden gegenüber sowie die ungezwungene Leichtigkeit ihres Wesens – beides wurzelnd in der zivilisatorisch noch nicht angegriffenen Harmonie von Mensch und Natur – machten nachdenklich und wurden bald kritisch gegen die eigene Lebensart gewendet.

Das wahre Leben ist anderswo.

Arthur Rimbaud, 1854–1891

Der vielleicht erste Klassiker solcher Zivilisationskritik war Michel de Montaigne, einer der einflußreichsten Wegbereiter der französischen Aufklärung. Bereits zum Ende des 16. Jahrhunderts prägte er das später zur bedeutenden Konvention werdende Bild vom »Guten Wilden«. In seinem berühmten Essay »Des Cannibales« wird die eigene kulturelle Position und die auf ihr gründende Voreingenommenheit erstmals konsequent in Frage gestellt. Denn daß wir die anderen Völker als Wilde oder Barbaren bezeichnen, liege, so Montaigne, allein daran, »daß ein jeder das Barbarei nennt, was seiner eigenen Gewohnheit nicht entspricht«. Die Fremden seien aber nur insofern wild, »wie wir die Früchte wild nennen, die die Natur selbst und nach ihrem gewohnten Gang hervorgebracht hat, wo wir doch in Wahrheit diejenigen wild nennen sollten, die wir durch unsere Eingriffe verfälscht und der gemeinen Ordnung abspenstig gemacht haben«. Damit war

Montaigne einer der ersten, der den zivilisatorischen Fortschritt sowie die damit verbundenen Mühen eines unermüdlichen Tätigseins als eine Art Entfremdungsgeschichte deutete.

Muße? Das ist das Gegenteil von Nichtstun. Es ist gesteigerte Empfänglichkeit, ein Tun, das nicht aus dem Zwang der Not kommt, nicht aus der Gier nach Gewinn, nicht aus dem Gebot oder der Pflicht, sondern allein aus der Liebe und der Freiheit.

Christoph Wilhelm Hufeland, 1762–1836

Montaigne begründete damit eine literarische Tradition, die bis heute nicht unterbrochen ist. Eine vor allem im 18. Jahrhundert sehr beliebte Spielart dieser Tradition war die Kunstform des fiktiven Dialoges. Die beispielsweise 1703 erschienenen »Dialogues curieux entre l'auteur et un Sauvage de bon sens qui a voyagé« des aus der französischen Armee desertierten Kolonialoffiziers Louis-Armand de Lahontan enthalten die bis dahin wohl schärfste Kritik am zeitgenössischen Europa. »Folge meinem Rat und werde Hurone!«, fordert darin der Huronen-Häuptling Adario des öfteren den Autor auf: »Denn ich sehe deutlich, welch Un-

Klöster

Sie gelten seit jeher als Stätten der Ruhe, Sammlung und inneren Einkehr, sind aber nicht mehr ausschließlich den Ordensangehörigen vorbehalten. Rund 500 Klöster in Europa öffnen ihre Pforten auch für weltliche Gäste, die sich – egal ob Protestanten, Katholiken oder Atheisten – als »Brüder oder Schwestern auf Zeit« in streßfreie Stille zurückziehen können, um im gelassenen Rhythmus des klösterlichen Lebens Abstand von der Hektik des Alltags zu gewinnen. – Informationen unter http://www.orden.de.

terschied zwischen deiner und meiner Lage besteht. Ich bin Herr über meinen Körper, kann völlig über mich selbst verfügen, tue, was mir gefällt; wohingegen du dazu verdammt bist, mit Leib und Seele abhängig zu sein. [...] Nun mein lieber Bruder, du siehst wohl ein, daß ich Recht habe, und dennoch bist du lieber ein französischer Sklave als ein freier Hurone.«

Überall auf der Welt fanden sich nun Völker und Volksgruppen, in deren Beschreibung das Unbehagen über die eigene Lebensart, über die wachsende Geringschätzung des Müßiggangs artikuliert wurden. So berichtete der französische

OTIUM – Verein zur Förderung des Müßiggangs e.V.
Seit April 1999 lädt der in Bremen ansässige Verein, der sich programmatisch das lateinische Wort für Ruhe und Muße zum Namen erwählt hat, »interessierte Müßiggänger, Faulpelze, Arbeitslose und solche, die es noch werden wollen«, zu kostenlosen Veranstaltungen ein, bei denen es um die Auseinandersetzung mit der herrschenden Arbeitsmoral und die praktische Anwendung von Faulheit geht. So wurden 2002 bereits zum dritten Mal – jeweils im Mai – die »Müßigen Tage« durchgeführt, Lesungen, Diskussionsabende, Ausstellungen, Theater- und Filmvorführungen, ein arkadisches Sommerfest und die aktuelle Reihe »Mit OTIUM durch das Jahr« organisiert. Neben weiteren Aktivitäten setzen zahlreiche Publikationen, auch auf Tonträgern, dem Konsum- und Leistungswahn die Erforschung von Muße und Müßiggang entgegen. Unterstützt wird der Verein durch Freunde und Förderer im In- und Ausland, von Chile bis Island, von Moskau bis Faro. – Informationen über E-Mail: kontakt@otium-ev.de sowie http://www.otium-ev.de.

Nationalökonom und Pionier der Soziologie, Frédéric Le Play (1806–1882), über ein Hirtenvolk im südlichen Ural: »Der Hang der Baschkiren zur Faulheit, die mit dem Nomadenleben verbundene Muße sowie die Gewohnheit des Nachdenkens, welche erstere bei den besser begabten Individuen hervorruft, haben bei diesen Leuten oft eine Feinheit der Manieren, eine Schärfung von Intelligenz und Urteil zur Folge, wie man sie in einer höheren Zivilisation auf dem gleichen sozialen Niveau selten findet.«

> Ob nicht die Tage, die wir gezwungen sind, müßig zu sein, diejenigen sind, die wir in tiefer Tätigkeit verbringen? [...] Jedenfalls ist es wichtig, mit Vertrauen müßig zu sein, wenn möglich mit Freude.
>
> *Rainer Maria Rilke, 1875–1926*

Den russischen Schriftsteller Lew Tolstoj (1828–1910) wiederum beschäftigte ein westmongolisches Nomadenvolk: »Über die Kalmücken gelesen, daß sie nur wenig brauchen und sich bei der Arbeit nicht abrackern wie die Europäer, die sich an tausenderlei ausgefallene Bedürfnisse gewöhnt haben und nun ihr ganzes Leben für deren Befriedigung hingeben.«

Und geradezu schwärmerisch äußerte sich der schweizerische Schriftsteller Heinrich Federer (1866–1928) über die Bewohner der italienischen Abruzzen: »Unter diesen Hirten und Nomaden sind viele [...] Poeten. Oder ist denn das erst ein Gedicht, was man in ein Buch schreibt, daß man es bewundere und daß arme, geplagte Schulkinder es auswendig lernen können? Ist das etwa nicht auch ein feines und großes Gedicht, was so ein Nichtstuer auf dem Rücken sich austräumt, wenn er in den blauen Himmel guckt und den Ernst und die Lustigkeit der Wolken betrachtet und sich daraus eine Tragödie oder eine famose Posse erdichtet? Oder wenn er das Ohr auf die Erde legt und dieser altersgrauen Mutter das Herz aushorcht? Und ist nur das Musik, was einer in Noten setzt

> Vergiß nicht – man benötigt nur wenig, um ein glückliches Leben zu führen.
>
> *Marcus Aurelius Antoninus, 121–180*

und von einem Trüpplein gerechter Geiger sich vorspielen läßt und worüber dann die Kritik ihre wohllautenden Orakelsprüche abgibt? Ist vielleicht nicht auch das Musik, was so ein Analphabet alles hört, wenn er immer die gleiche, über ein Brett gespannte Schnur zupft? Er hört vielleicht eine Musik, wie Mozart im Rausch seiner Phantasien auf dem Spinett, wie Beethoven beim Sterben und Hinüberschauen in die Ewigkeit. Es singt vielleicht und orgelt so wunderbar durch seine Seele, wie man es mit dem elenden Behelf von Noten und Takten nicht aussprechen kann. Und doch zupft er nur immer an einer Schnur! Genug, daß er hört! Und so kann mancher Junge kein A und kein B zeichnen, aber er sieht Bilder im Nebel, im Baumgeschwirr, im Sandhaufen, daß ein Tizian und ein Phidias ihn darum beneiden müßten. Jawohl, viele von diesen Analphabeten sind Künstler, Dichter, Musiker, aber für sich, in ihrer Seele, ohne Bühne, Szene und Händeklatschen. Und oft habe ich mich gewundert, wie solche Analphabeten klar reden, scharf und schnell erwägen und sicher entscheiden. Die Schule mit ihrer unabweisbaren Schablone von Klasse zu Klasse, mit ihrem Einerlei durch die ganze Bank hin, mit ihrer Tretmühle des Gedächtnisses und ihren zwei Drohmännchen: Examen und Zeugnis, die Schule mit ihrer Abschaffung der Eigenheiten, der Persönlichkeiten, des Naturgenies der Zöglinge, ihrem Zwang und Drill und Nümmerchengeist, diese Schule hat die Analphabeten nicht bilden, aber auch nicht verbilden können. Sie sind noch naiv, die Abruzzenkinder, noch frisch und eigenartig. Sie denken noch ohne Lineal und Winkelmaß. Jedes redet anders, lacht, schimpft, gebärdet sich anders, ist etwas Eigenes und kommt mit dem eigenen Schiff dereinst an sein Gestade. Jedes ist mit einem Wort ein eigener Mensch.«

Es fehlt dem Müßiggang der Weisen nur an einem besseren Namen: Wie, wenn man sich bereitfände, Nachdenken, Sprechen, Lesen und Stillhalten Arbeiten zu nennen?

Jean de la Bruyère, 1645–1696

Ganz generell wurde den europäischen Südländern eine beneidenswerte Leichtigkeit im Umgang mit Zeit und Leben nachgesagt, gespeist aus Licht und Wärme der südländischen Sonne, animiert, sich genießerisch dem sprichwörtlichen *dolce far niente*, dem süßen Nichtstun, zu ergeben, dabei mediterrane Gelassenheit zu üben und sich vermeidbarer Beschwernisse zu enthalten. Eine bezeichnende Episode dafür schilderte der deutsche Schriftsteller Peter Paul Althaus (1892–1965) von einer Reise nach Neapel: Vor dem Bahnhof lungerte ein Facchino, ein Gepäckträger, herum. Gefragt, ob er den Koffer in das etwa hundert Meter entfernte Hotel tragen könne, prüfte er das etwas schwergewichtige Gepäckstück, »sah mich aus seinen tiefdunklen Augen schmerzlich an und sagte: ›Ich habe heute schon gegessen!‹«

Selbstverständlich dürfen in diesem Zusammenhang die »Faulen Neger« nicht unerwähnt bleiben, von denen eine aus Afrika überlieferte Geschichte erzählt: Damals, als noch keine Straßen das Land durchschnitten und es noch keine Autos gab, die Menschen so schnell wie der Wind vom Meer in die Berge zu bringen, kämpfte sich ein Missionar mit einer Schar von Trägern durch den afrikanischen Busch. Er hatte es eilig und trieb seine Führer zu immer schnellerem Gehen an, denn in drei Tagen wollte er sein Ziel erreichen. Der dritte Morgen zog herauf, strahlend stand die Sonne am Himmel, die Luft flimmerte, das hohe Gras bewegte sich sacht, und die Vögel sangen. Der Missionar drängte zum Aufbruch, aber die Träger lagerten und wollten nicht aufstehen. Kein Zureden half, kein Befehlen, kein Drohen. Endlich fragte er nach dem Grund ihres Zögerns und erhielt zur Antwort: »Unsere Körper sind zwar hier, aber wir müssen noch warten, bis unsere Seelen nachgekommen sind.«

> Wenn man seine Ruhe nicht in sich findet, ist es zwecklos, sie andernorts zu suchen.
>
> *François de La Rochefoucauld, 1613–1680*

Lebensart und -rhythmus der sogenannten Naturvölker wie auch die beneidenswert-bedrohliche Leichtigkeit der »Südländer« führten und führen den schwerbeschäftigten und entsprechend »schwermütigen« Mittel-, West- und Nordeuropäern immer wieder aufs neue vor Augen, was sie für ihren Erfolg und Fortschritt preiszugeben gezwungen sind.

Schlaraffenland-Würfelspiel, Kupferstich Bologna, 1691

Schlaraffenland

Etymologisch zusammengesetzt aus dem mittelhochdeutschen slûr (Faulenzer) und Affe, war »Schlaraffe« ein seit dem 15. Jahrhundert häufig nachweisbares Schimpfwort für den außerhalb der Gesellschaft stehenden, von harten Strafen bedrohten nichtadligen Müßiggänger. Seine fiktive Zuflucht, das Schlaraffenland, fand im 15. / 16. Jahrhundert als eine frühe Utopie belohnter Faulheit Eingang in die Literatur zahlreicher europäischer Länder. Ursprünglich wohl eine erträumte Alternative zum verlorengegangenen Paradies, wurde es bald zur Parodie, zum in Knittelversen gedichteten ergötzlichen Schwank (Hans Sachs, 1530) oder zur im Märchen verarbeiteten Lügengeschichte (Gebrüder Grimm, 1815). Nachhaltig hat das Schlaraffenland mit seinen sprichwörtlich ins Maul fliegenden gebratenen Hühnern auch die bildende Kunst beschäftigt (z. B. Pieter Bruegel d.Ä., 1567).

Sprichwörter der Völker

Der Unterschied zwischen Existieren und Leben
liegt im Gebrauch der Freizeit.
[Amerikanisch]

Wer keinen Esel findet, muß selber Säcke tragen.
[Andalusisch]

Man sagte zum Faulen: Heute ist ein Feiertag.
Da sagte er: Auch morgen und übermorgen.
[Arabisch]

Eile ist die Mutter der Unvollkommenheit.
[Brasilianisch]

Einen Tag ungestört in Muße zu verleben,
heißt einen Tag lang ein Unsterblicher sein.
[Chinesisch]

Faule Schäfer haben gute Hunde.
[Deutsch]

Wer schnell läuft, läuft nicht lange.
[Englisch]

Gott hat die Zeit geschaffen, von der Eile hat er nichts gesagt.
[Finnisch]

Der Faule denkt, Hände und Füße wären ihm geliehen.
[Georgisch]

Eile ist des Teufels; nur schlechte Menschen rennen.
[Indisch]

Nimm dir Zeit, um froh zu sein; es ist die Musik der Seele.
[Isländisch]

Gott hat die Zeit erschaffen und der Mensch die Hast.
[Israelisch]

Wer nichts macht, macht nichts falsch.
[Italienisch]

Wer die ganze Nacht schläft,
hat am Tage Anspruch auf ein wenig Ruhe.
[Kubanisch]

Eile ist nur zum Flöhefangen gut.
[Lappisch]

Der Faule liegt da, aber Einsicht hat er!
[Litauisch]

Wer keine Zeit hat, ist ärmer als ein Bettler.
[Nepalesisch]

Wer den ganzen Tag zu Hause bleibt,
kann nicht in die Gracht fallen.
[Niederländisch]

Gib den Füßen Ruhe, aber auch dem Herzen.
[Nigerianisch]

Morgen ist immer der Tag, an dem der Faule
am meisten zu tun hat.

[Norwegisch]

Ein Augenblick der Seelenruhe ist besser als alles,
was du sonst erstreben magst.

[Persisch]

Faulheit kennt kein Rückenweh.

[Russisch]

Wer keine Muße kennt, lebt nicht.

[Sizilianisch]

Besser gar nicht als schlecht arbeiten.

[Spanisch]

Heute ist der erste Tag vom Rest deines Lebens.

[Südamerikanisch]

Der ruhig fließende Fluß trägt Leute.

[Tansanisch]

Nur ein ruhendes Gewässer wird wieder klar.

[Tibetanisch]

Der Teufel verführt alle Menschen,
der Müßiggänger aber verführt den Teufel.

[Türkisch]

Teil 2

Lob des Müßiggangs

Ohne die Klasse der Müßiggänger
wären die Menschen heute noch Barbaren.
Bertrand Russell, 1872–1970

Schöner Schlendrian

»Warum wurde die Arbeit so gepriesen und auf den Thron des Ruhmes und der Lobpreisung gesetzt, die Faulheit dagegen an den Pranger gestellt, alle Faulen mit Schmach und dem Brandmahl des Lasters, der Mutter der Faulheit, bedeckt, jeder Arbeitende aber mit Ruhm und Gaben bedacht und gefeiert? Mir kam es immer so vor, als müßte es gerade umgekehrt sein: Die Arbeit muß verflucht werden, wie es auch die Legenden vom Paradies überliefern, die Faulheit aber sollte das sein, wonach der Mensch zu streben hat« – so brachte Kasimir Malevic im Jahr 1921 sein Erstaunen über die wütende Geschäftigkeit seiner Umwelt zu Papier. Denn auch im Sozialismus, dem avisierten Paradies aller Werktätigen, in dem ein durch Not und äußere Zwänge bestimmtes Arbeiten bald der Vergangenheit angehören sollte, setzte sich die kultische Verehrung der Arbeit ungebrochen fort.

Auf Betreiben Lenins, den ein fanatischer Eifer gegen den Müßiggang anzutreiben schien, weil das Land und die Menschen seiner Überzeugung nach durch die Faulheit der zaristischen Elite zugrunde gerichtet worden waren, fand sogar das oben schon einmal erwähnte Paulus-Zitat: »Wer nicht arbeitet, soll auch nicht essen« Eingang in die erste Verfassung der Sowjetunion. Als provozierende Reizfigur diente der kommunistischen Nomenklatura der in der Bevölkerung durchaus beliebte Titelheld des 1859 erschienenen Romans von Iwan Gontscharov. Oblomow, ein Gutsbesitzer, der den adligen Schlendrian idealtypisch verkörperte, dem jede Art von Arbeit ein Greuel, ja, dem selbst das Verlieben zu anstrengend war, wurde von den Sowjets zum Popanz aufgebauscht, dem nun ein vorbildlicher Widerpart, der sozialistische Arbeitsheld, entgegengesetzt wurde.

»Den Müßiggänger schiebt beiseite, diese Welt muß unser sein!« – heißt es entsprechend in der »Internationalen«. Doch mit wieviel Inbrunst diese Zeilen auch immer gesungen worden sein mögen, geholfen hat es bekanntlich wenig. Das in seiner Verherrlichung der Arbeit dem »Kapitalismus« in nichts nachstehende Paradies der Bauern, Arbeiter und Werktätigen entpuppte sich als Schimäre und ist heute, wie wir wissen, nur noch Teil einer nicht sehr ruhmreichen Vergangenheit. Erstaunlich nur, daß auch dieses gescheiterte Experiment der verehrten Arbeit nichts von ihrem Glanz zu nehmen vermochte.

Der Müßiggang blieb in schlechtem Ruf, obwohl es vor, mit und nach Malevic zahlreiche Fürsprecher gab, die durchaus überzeugende Argumente vorzubringen wußten, warum der Muße für das Wohlbefinden des einzelnen wie der Gattung eine sehr viel wichtigere Funktion zukommt als all unserem geschäftigen Treiben. Glück, Sinn und Fortschritt entspringen zuallererst aus dem Nichtstun, weshalb es der Müßiggang verdient hat, einmal ordentlich über den grünen Klee gelobt zu werden. Was heißt einmal? Gleich mehrfach: als Glücksstifter, Sinnspender und Inspirationsquelle.

Glücksstifter

Das Lob der Faulheit

Gotthold Ephraim Lessing, 1729–1781

Faulheit! itzo wollt' ich dir
Auch ein kleines Loblied schenken;
Käm' es nur gleich aufs Papier,
Ohne lange nachzudenken.
Doch ich will mein Bestes tun;
Nach der Arbeit ist gut ruh'n.

Höchstes Gut! wer dich nur hat,
Faulheit! dem muß dieses Leben
Mehr – – Ich gähn'; ich werde matt.
Nun, du wirst es mir vergeben,
Daß ich dich nicht loben kann;
Du verhinderst mich ja dran.

Idylle über den Müßiggang

Friedrich Schlegel, 1772–1829

»Sieh, ich lernte von selbst, und ein Gott hat mancherlei Weisen mir in die Seele gepflanzt.« So darf ich kühnlich sagen, wenn nicht von der fröhlichen Wissenschaft der Poesie die Rede ist, sondern von der gottähnlichen Kunst der Faulheit. Mit wem sollte ich also lieber über den Müßiggang denken und reden als mit mir selbst? Und so sprach ich denn auch in jener unsterblichen Stunde, da mir der Genius eingab, das hohe Evangelium der echten Lust und Liebe zu verkündigen, zu mir selbst: »O Müßiggang, Müßiggang! Du bist die Lebensluft der

Das Leben stimmt nicht mit der Philosophie überein: Es gibt kein Glück ohne Müßiggang, und nur das Nutzlose bereitet Vergnügen.

Anton Pawlowitsch Tschechow, 1860–1904

Unschuld und der Begeisterung; dich atmen die Seligen, und selig ist, wer dich hat und hegt, du heiliges Kleinod! – einziges Fragment von Gottähnlichkeit, das uns noch aus dem Paradiese blieb.«

Müßiggang ist nichts Übles, ja man muß sagen: Ein Mensch, der für diesen keinen Sinn hat, zeigt damit, daß er sich nicht zur Humanität erhoben hat.

Søren Aabye Kierkegaard, 1813–1855

Ich saß, da ich so in mir sprach, wie ein nachdenkliches Mädchen in einer gedankenlosen Romanze am Bach, sah den fliehenden Wellen nach. Aber die Wellen flohen und flossen so gelassen, ruhig und sentimental, als sollte sich ein Narcissus in der klaren Fläche bespiegeln und sich in schönem Egoismus berauschen. Auch mich hätte sie locken können, mich immer tiefer in die innere Perspektive meines Geistes zu verlieren [...]

Warum sind denn die Götter Götter, als weil sie mit Bewußtsein und Absicht nichts tun, weil sie das verstehen und Meister darin sind? Und wie streben die Dichter, die Weisen und die Heiligen, auch darin den Göttern ähnlich zu werden! Wie wetteifern sie im Lobe der Einsamkeit, der Muße und einer liberalen Sorglosigkeit und Untätigkeit! Und mit großem Recht: Denn alles Gute und Schöne ist schon da und erhält sich durch seine eigne Kraft. Was soll also das unbedingte Streben und Fortschreiten ohne Stillstand und Mittelpunkt? Kann dieser Sturm und Drang der unendlichen Pflanze der Menschheit, die im stillen von selbst wächst und sich bildet, nährenden Saft oder schöne Gestaltung geben? Nichts ist es, dieses leere unruhige Treiben, als eine nordische Unart und wirkt auch nichts als Langeweile, fremde und eigne. Und womit beginnt und endigt es als mit der Antipathie gegen die Welt, die jetzt so gemein ist? Der unerfahrne Eigendünkel ahndet gar nicht, daß dies nur Mangel an Sinn und Verstand sei, und hält es für hohen Unmut über die allgemeine Häßlichkeit der Welt und des Lebens, von denen er doch nicht einmal das leiseste Vorgefühl hat. Er kann es nicht haben, denn der Fleiß und der Nutzen sind die Todesengel mit dem feurigen Schwert, welche dem Menschen die Rückkehr ins Paradies verwehren. Nur mit Gelassenheit und Sanftmut, in der heiligen Stille der Passivität kann man sich an sein ganzes Ich erinnern und die Welt und das Leben anschauen. Wie geschieht alles Denken und Dichten, als daß man sich der Einwirkung irgendeines Genius ganz überläßt und hingibt? Und doch ist das Sprechen und Bilden nur Nebensache in allen Künsten und Wissenschaften, das Wesentliche ist das Denken und Dichten, und das ist nur durch Passivität möglich. Freilich ist es eine absichtliche, willkürliche, einseitige, aber doch Passivität. Je schöner das Klima ist, je passiver ist man. Nur Italiener wissen zu gehen, und nur die im Orient verstehen zu liegen; wo aber hat sich der Geist zarter und süßer gebildet als in Indien? Und unter allen Himmelsstrichen ist es das Recht des Müßiggangs, was Vornehme und Gemeine unterscheidet, und das eigentliche Prinzip des Adels.

Endlich, wo ist mehr Genuß und mehr Dauer, Kraft und Geist des Genusses; bei den Frauen, deren Verhältnis wir Passivität nennen, oder etwa bei den Männern, bei denen der Übergang von übereilender Wut zur Langeweile schneller ist als der Übergang vom Guten zum Bösen?

In der Tat, man sollte das Studium des Müßiggangs nicht so sträflich vernachlässigen, sondern es zur Kunst und Wissenschaft, ja zur Religion bilden! Um alles in eins zu fassen: Je göttlicher ein Mensch oder ein Werk des Menschen ist, je ähnlicher werden sie der Pflanze, diese ist unter allen Formen der Natur die sittlichste und die schönste. Und also wäre ja das höchste vollendetste Leben nichts als ein *reines Vegetieren*.

Ein Gott schenkte uns diesen Müßiggang!

Publius Vergilius Maro, 70–19 v. Chr.

Ich nahm mir vor, mich zufrieden im Genuß meines Daseins über alle doch endlichen und also verächtlichen Zwecke und Vorsätze zu erheben. Die Natur selbst schien mich in diesem Unternehmen zu bestärken und mich gleichsam in vielstimmigen Chorälen zum fernern Müßiggang zu ermahnen.

Plädoyer des Müßiggangs

Miguel de Unamuno, 1864–1936

Bei meinem letzten Aufenthalt in Portugal, zur heißesten Jahreszeit, als sich die Trägheit meines Körpers und meiner Seele bemächtigte, vertrieb ich mir die Zeit damit, aufs Bett hingestreckt langsam Lord Byron zu lesen. Von Zeit zu Zeit ließ ich das Buch sinken, um ... nachzudenken? Nein, um mir allerhand Luftschlösser zusammenzuphantasieren.

Zuweilen raffte ich mich dazu auf, an den Balkon zu treten, um einen Augenblick lang das Meer zu betrachten, das da träge am Strand ausgestreckt lag. Und das Gluckern des Ozeans, vermischt mit den Echos von Lord Byron, der diesen so sehr geliebt hatte, half mir, weiterhin Dinge ohne festen Umriß und Substanz zusammenzuphantasieren. In meinem Geist herrschte eine poetische, das heißt aber: schöpferische Situation, welche die Trägheit hervorruft. Denn der Dichter ist zuallererst ein Faulenzer, ein Nichtstuer, und das sage ich zum Lob des Poeten.

> Vergnügen ist das einzige, wofür man leben sollte. Nichts macht so alt wie das Glück.
>
> *Oscar Wilde, 1854–1900*

Will ich etwa ein Loblied auf die Faulenzerei anstimmen, ich, der ich als arbeitsamer und aktiver Mensch gelte? Ja, ich möchte – zumindest teilweise – ein Loblied aufs Nichtstun singen; ich will euch sagen, daß der Müßiggänger einer der aktivsten Menschen ist.

Lob des Müßiggangs

Bertrand Russell, 1872–1970

Ich fürchte das Ansehen mehr, als ich es wünsche, da ich meine, daß es in irgendeiner Weise Freiheit und Muße derjenigen, die es erwerben, herabmindert, und beide Dinge besitze ich so vollständig und schätze sie derart, daß es keinen Monarchen in der Welt gibt, der reich genug wäre, um sie mir abzukaufen.

René Descartes, 1596–1650

Wie die meisten meiner Generation bin ich nach dem Sprichwort »Müßiggang ist aller Laster Anfang« erzogen worden. Da ich ein sehr braves Kind war, glaubte ich alles, was man mir sagte; und so entwikkelte sich mein Pflichtgefühl derart, daß ich zeit meines Lebens und bis zum heutigen Tage nicht umhinkonnte, immer schwer zu arbeiten. Aber wenn mir auch mein *Handeln* vom Gewissen vorgeschrieben war, so hat sich doch in meinen *Ansichten* eine Revolution vollzogen. Ich glaube nämlich, daß in der Welt viel zuviel gearbeitet wird, daß die Überzeugung, Arbeiten sei an sich schon vortrefflich und eine Tugend, ungeheuren Schaden anrichtet, und daß es not täte, den modernen Industrieländern etwas ganz anderes zu predigen, als man ihnen bisher immer gepredigt hat.

Allgemein bekannt ist ja die Geschichte von dem Reisenden, der in Neapel zwölf Bettler in der Sonne liegen sah (vor Mussolinis Zeit natürlich) und der dem Faulsten eine Lira schenken wollte. Elf sprangen auf und streckten die Hand nach dem Geld aus, weshalb er es dem zwölften gab. Dieser Reisende hatte das Wesentliche erfaßt. Aber in Ländern, denen nicht die Sonne des Südens lacht, ist es schwieriger, müßig sein zu können, und es wird umfassender allgemeiner Propaganda bedürfen, um damit einen Anfang zu machen [...]

Ich möchte [...] in vollem Ernst erklären, daß in der heutigen Welt sehr viel Unheil entsteht aus dem Glauben an den überragenden Wert der Arbeit an sich, und daß der Weg zu

Glück und Wohlfahrt in einer organisierten Arbeitseinschränkung zu sehen ist [...] Dank der modernen Technik brauchte heute Freizeit und Muße, in gewissen Grenzen, nicht mehr das Vorrecht kleiner bevorzugter Gesellschaftsklassen zu sein, könnte vielmehr mit Recht gleichmäßig allen Mitgliedern der Gemeinschaft zugute kommen. Die Moral der Arbeit ist eine Sklavenmoral, und in der neuzeitlichen Welt bedarf es keiner Sklaverei mehr [...]

Der Krieg hat zwingend bewiesen, daß sich moderne Völker durch wissenschaftlich organisierte Produktion auf der Basis eines geringen Teils der tatsächlichen Arbeitskapazität der neuzeitlichen Welt angemessen versorgen lassen. Hätte man nach Kriegsende die wissenschaftliche Organisation, die geschaffen worden war, um die Menschen für die Front und die Rüstungsarbeiten freizustellen, beibehalten und die Arbeitszeit auf vier Stunden herabgesetzt, dann wäre alles gut und schön gewesen. Statt dessen wurde das alte Chaos wiederhergestellt; diejenigen, deren Leistungen gefragt waren, mußten viele Stunden arbeiten, und der Rest durfte unbeschäftigt bleiben und verhungern. Warum? Weil Arbeit Ehrensache und Pflicht ist und der Mensch nicht gemäß dem Wert dessen, was er produziert hat, bezahlt werden soll, sondern entsprechend seiner tugendhaften Tüchtigkeit, die in rastlosem Fleiß ihren Ausdruck findet [...]

> Muße ist die Verteidigung der Vollkommenheit.
>
> *Oscar Wilde, 1854–1900*

> Man wird ausdauernder für das tätige, nach außen gerichtete Dasein, wenn man sich von Zeit zu Zeit ganz in sich selbst zurückzieht.
>
> *André Maurois, 1885–1967*

Der Gedanke, daß die Unbemittelten eigentlich auch Freizeit und Muße haben sollten, hat die Reichen stets empört. Zu Beginn des neunzehnten Jahrhunderts war ein fünfzehnstündiger Arbeitstag für den Mann das Normale; Kinder arbeiteten zuweilen ebenso lange und sehr häufig zwölf Stunden täglich. Als vorwitzige Wichtigtuer darauf hinwiesen, daß das doch eigentlich eine recht lange Arbeitszeit sei, wurde ihnen erklärt, die Arbeit hindere die Erwachsenen daran, sich zu betrinken, und die Kinder, Unfug zu treiben [...] Ich höre noch eine alte Herzogin sagen: »Was wollen denn die Habenichtse mit Freizeit anfangen? *Arbeiten* sollen sie!« So offen äußern sich die Leute heute nicht mehr, aber die Gesinnung ist noch die gleiche geblieben und hat weitgehend unsere chaotische Wirtschaftslage verschuldet [...]

Wenn auf Erden niemand mehr gezwungen wäre, mehr als vier Stunden täglich zu arbeiten, würde jeder Wißbegierige seinen wissenschaftlichen Neigungen nachgehen können, und jeder Maler könnte malen, ohne dabei zu verhungern, und wenn seine Bilder noch so gut wären. Junge Schriftsteller brauchten nicht durch sensationelle Reißer auf sich aufmerksam zu machen, um wirtschaftlich unabhängig zu werden, daß sie die monumentalen Werke schaffen können, für die sie heute, wenn sie endlich so weit gekommen sind, gar keinen Sinn und keine Kraft mehr haben. Menschen, die sich als Fachleute für eine besondere wirtschafts- oder staatspolitische Phase interessieren, werden ihre Ideen entwickeln können, ohne dabei im luftleeren akademischen Raum zu schweben, was der Arbeit der Volkswirtschaftler an den Universitäten so häufig einen wirklichkeitsfremden Anstrich gibt. Die Ärzte werden Zeit haben, sich mit den Fortschritten auf medizinischem Gebiet vertraut zu machen, die Lehrer werden sich nicht mehr erbittert bemühen müssen, mit routinemäßigen Methoden Dinge zu lehren, die sie in ihrer Jugend gelernt und die sich in der Zwischenzeit vielleicht als falsch erwiesen haben.

Nichtstun vermehrt den Frieden der Welt.

Friedrich Georg Jünger, 1898–1977

Vor allem aber wird es wieder Glück und Lebensfreude geben, statt der nervösen Gereiztheit, Übermüdung und schlechten Verdauung. Man wird genug arbeiten, um die Muße genießen zu können, und doch nicht bis zur Erschöpfung arbeiten müssen. Wenn die Menschen nicht mehr müde in ihre Freizeit hineingehen, dann wird es sie auch bald nicht mehr nach passiver und geistloser Unterhaltung verlangen [...] Die normalen Männer und Frauen werden, da sie die Möglichkeit haben, ein glückliches Leben zu führen, gütiger und toleranter und anderen gegenüber weniger mißtrauisch sein. Die Lust am Kriegführen wird aussterben, teils aus diesem Grunde und teils, weil Krieg für alle langdauernde, harte Arbeit bedeuten würde. Guten Mutes zu sein, ist die sittliche Eigenschaft, deren die Welt vor allem und am meisten bedarf, und Gutmütigkeit ist das Ergebnis von Wohlbehagen und Sicherheit, nicht von anstrengendem Lebenskampf. Mit den modernen Produktionsmethoden ist die Möglichkeit gegeben, daß alle Menschen behaglich und sicher leben können; wir haben es statt dessen vorgezogen, daß sich manche überanstrengen und die andern verhungern. Bisher sind wir noch immer so energiegeladen arbeitsam wie zur Zeit, da es noch keine Maschinen gab; das war sehr töricht von uns, aber sollten wir nicht auch irgendwann einmal gescheit werden?

In unserer Jugend schuften wir wie Sklaven, um etwas zu erreichen, wovon wir im Alter sorgenlos leben könnten; und wenn wir alt sind, sehen wir, daß es zu spät ist, so zu leben.

Alexander Pope, 1688–1744

Ode an die Faulheit

Pablo Neruda, 1904–1973

Gestern fühlte ich, die Ode
Will nicht aus dem Boden sprießen.
Es war höchste Zeit, sie hätte
Zumindest
Ein grünes Blatt zeigen müssen.
Ich wühlte die Erde auf: »Steig empor,
Schwester Ode«,
Sprach ich zu ihr,
»Ich habe dich versprochen,
Hab keine Furcht,
Ich werde dich nicht quälen,
Vierblättrige Ode,
Vierhändige Ode,
Tee wirst du trinken mit mir.
Steig auf,
Ich werde dich krönen unter den Oden allen,
Wir werden zusammen ans Ufer
Des Meeres auf dem Zweirad fahren.«
Fruchtlos war's.
Da
zeigte sich die Faulheit
Hoch oben in den Pinien,
Nackt,
Schläfrig mit geblendeten Augen
Entführte sie mich,
Zeigte mir am Gestade
Kleine zerbrochene Stückchen
Ozeanischer Stoffe,
Hölzer, Algen, Steine,
Federn von Meeresvögeln.

Ich suchte und fand doch keine
Gelben Achate.
Das Meer,
Türme niederreißend,
Meiner Heimat Küsten
Verheerend,
Unaufhörlich Schaumkatastrophen
Vor sich hertreibend,
Erfüllte den Weltraum.
Einsam am Ufer,
Ein Lichtstrahl öffnete
Eine Blumenkrone.
Ich sah die silbernen Sturmschwalben kreuzen
Und wie schwarze Kreuze
An die Felsen geschmiedet
Die Kormorane.
Befreite eine Biene,
Die im Spinnennetz mit dem Tode rang,
Steckte ein Steinchen
In die Tasche,
Sanft fühlte es sich an, ganz sanft
Wie eine Vogelbrust,
Indes an der Küste miteinander
Sonne und Nebel kämpften
Den ganzen Nachmittag lang.
Zuweilen
Sog sich der Nebel voll mit Licht
Wie ein Topas,
Dann wieder fiel
Ein feuchter Sonnenstrahl,
Gelbe Tropfen sprühend, nieder.
Am Abend,
An meine Pflicht,
Die flüchtige, die Ode denkend,

Zog ich am Feuer
Meine Schuhe aus,
Wischte den Sand von ihnen,
Und sogleich sank ich
In Schlaf.

Sinnspender

Der Angelpunkt, um den sich alles dreht

Aristoteles, 384–322 v. Chr.

Als eine banausische Arbeit [...] hat man jene aufzufassen, die den Körper oder die Seele oder den Intellekt der Freigeborenen zum Umgang mit der Tugend und deren Ausübung untauglich macht. Darum nennen wir alle Handwerke banausisch, die den Körper in eine schlechte Verfassung bringen, und ebenso die Lohnarbeit [...]

Denn die Muße [...] ist der Angelpunkt, um den sich alles dreht. Denn wenn auch beides sein muß, so ist doch das Leben in Muße dem Leben der Arbeit vorzuziehen, und das ist die Hauptfrage, mit welcher Art Tätigkeit man die Muße auszufüllen hat. Man wird doch wohl nicht behaupten wollen, daß man sie auf eitles Spiel verwenden müsse. Dann wäre ja das Spiel der Zweck unseres Daseins. Wenn das aber unmöglich ist und man des Spieles vielmehr bei der Arbeit pflegen soll – denn der Müde braucht Erholung, und das Spiel ist der Erholung wegen, und die Arbeit geschieht mit Mühe und Anstrengung –, nun, so folgt, daß man dem Spiele nur mit Beobachtung der rechten Zeit seiner Anwendung Raum geben darf, indem man es wie eine Medizin gebraucht. Denn eine solche Bewegung der Seele ist Ausspannung und wegen der damit verbundenen Lust Erholung. Die Muße dagegen scheint Lust, wahres Glück und seliges Leben in sich selbst zu tragen. Das ist aber nicht der Anteil derer, die arbeiten, sondern derer, die feiern. Denn wer arbeitet, arbeitet für ein Ziel, das er noch nicht erreicht hat, das wahre Glück aber ist selbst Ziel und bringt, wie allen feststeht, nicht Schmerz, sondern Lust [...]

Das Glück scheint in der Muße zu liegen. Denn wir verzichten nur auf Muße, um Muße zu gewinnen, und führen Krieg, um den Frieden herbeizuführen.

Aristoteles, 384–322 v. Chr.

Ein breiter Rand von Muße ist im Leben eines Menschen ebenso schön wie in einem Buch.

Henry David Thoreau, 1817–1862

Und so leuchtet denn ein, daß man auch für den würdigen Genuß der Muße erzogen werden und manches lernen muß, und daß diese Seite der Erziehung und des Unterrichts ihrer selbst wegen da ist, während das, was für die Arbeit gelernt wird, der Notdurft dient und Mittel zum Zweck ist.

Die Faulheit

Gotthold Ephraim Lessing, 1729–1781

Fleiß und Arbeit lob' ich nicht;
Sie gehören für den Bauer.
Fleiß und Arbeit, wie man spricht,
Machen nur das Leben sauer.
Faulheit, drum sollst du allein
Meiner Güter höchstes sein.

Bücher, euch verzehrt der Staub;
Ich mag nicht mehr mit euch wachen.
Bald bin ich des Grabes Raub.
Ich will faul in allen Sachen:
Nur nicht faul zu Lieb' und Wein,
Nur nicht faul zur Faulheit sein.

Das große Triebrad

Georg Simmel, 1858–1918

»Und schreib getrost: Am Anfang war die Tat!« Aber vergiß nicht die richtige Betonung: Am *Anfang* war die Tat; denn alle höhere Entwicklung wird vom Willen zur Faulheit geleitet. Lassen wir uns nicht von dem Anschein der Unruhe und Geschäftigkeit blenden, mit dem die Menschenwelt ihr Innerlichstes übertäubt, überdeckt, wie das Meer die dunkle Ruhe seiner Tiefen mit dem Sturm seiner Wellen! Nichts anderes ist jede Tätigkeit, als die Brücke zwischen zwei Faulheiten, und alle Kultur arbeitet, daß sie immer kürzer und kürzer werde. Denn welchen Sinn und Zweck hätte das ungeheure Mühen und Schaffen des modernen Menschen, als daß er damit ein um so tieferes, umfassenderes, heiligeres Faulsein erringe? Es ist die eigentliche Tragik seiner Existenz, wenn er, das Ziel überspannend, sich in einem Unterbau von Mitteln verstrickt, aus dem er nicht mehr hinausfindet, wenn das Leben eher zu Ende ist als die Vorbereitungen für seinen definitiven Wert. Aber gerade dies zeigt, daß die Faulheit das Absolute, in sich allein Ruhende, Selbstgenügsame des Daseins ist, alle Tätigkeit aber nur relativ, nur Mittel, über sich hinausweisendes Durchgangsstadium. Die fleißigste Aktivität ist nichts als eine leere Form, ein bloßer Weg, sinnlos, wenn nicht an ihrem Ende die Erlösung von ihr winkte. Ein griechischer Philosoph hat behauptet, daß es zu den Bewegungen der Welt, weil jede von einer andern, vorhergehenden verursacht wird, nur gekommen sein kann, wenn es ein letztes Prinzip gäbe, das, selbst unbewegt, doch alle Bewegung von sich ausgehen läßt. Jahrtausendelang hat der innere Widerspruch und die gleichzeitige Unumgänglichkeit des »unbewegten Bewegers« die Philosophie erregt. In der Faulheit haben wir ihn endlich ergriffen; denn sie, nicht nur unbewegt, sondern die Unbewegtheit in Substanz, ist doch die Veranlassung unserer Bewegungen, mit ihrer Vertiefung und der Sehnsucht nach ihr steigt die Kraft und das Tempo all unsrer Regsamkeiten [...]

Weil man sie nicht in ihrer Tiefe erfaßt hat, verhüllt sich ihre Bedeutung in so verschämte Ausdrücke wie: Prinzip der Kraftersparnis – auf das eingestandenermaßen die höchsten Errungenschaften des Menschengeistes zurückzuführen sind. Mit der Erkenntnis der Naturgesetze glauben wir die ganze Vielfalt der Ereignisse in höchster Verdichtung und Vergeistigung zu besitzen, durch das Naturgesetz beherrschen wir gleichsam ihre Seele und sind der Beobachtung des einzelnen Verlaufes enthoben. Aber das heißt nichts anderes, als daß wir uns mit dem Gesetz, das die Bewegungen der Dinge ein für allemal zusammenfaßt, die Mühe ersparen, den Einzelfall festzustellen; wären wir nicht so faul, wir hätten niemals auf die ganze Fülle und Breite des Seins verzichtet, um es in Pillenform zu uns zu nehmen, hätten uns niemals statt mit der Wirklichkeit mit ihrer Abstraktion im Naturgesetze begnügt. Abstraktion ist die sublimierteste, sublimste Faulheit. Und die praktische Anwendung unseres Wissens um die Naturgesetze in der Maschine? Weshalb in aller Welt arbeiten wir nicht mehr mit den Händen, sondern kaufen uns die Arbeit ab, indem wir die eisernen Sklaven, die so oft unsere Herren werden, zwischen uns und unsere Bedürfnisse schieben? Das eine große Triebrad, das mit unzähligen Transmissionen alle Maschinen der Welt treibt, ist – Faulheit; die Kraft, die sich in all diese Formen umsetzt, ist die Ersparnis an Kraft, und unser Tun, mit dem

Man müßte wenigstens täglich ein gutes Gedicht lesen, ein schönes Gemälde betrachten, ein sanftes Lied hören oder ein herzliches Wort mit einem Freunde reden, um auch den schöneren, ich möchte sagen, den menschlicheren Teil unseres Wesens zu bilden.

Heinrich von Kleist, 1777–1811

Muße ist der schönste Besitz von allen.

Sokrates, 470–399 v. Chr.

wir die gerühmte Maschinenkultur schaffen, will nichts als unsere Entlastung vom Tun.

Nicht weniger aber als der Gipfel des praktischen Lebens ist der des fühlenden zugleich der Gipfel der Faulheit: das ästhetische Genießen. Was gibt uns denn im Erleben des Schönen jene unvergleichliche innere Freiheit, jenes Jenseits aller Härte und Schwere der Dinge, jene Windstille und Helligkeit der Seele, vor der alle Feindseligkeit und Dumpfheit sich löst, wie Wolken vor der Sonne des Sommermittags? Ist es denn anderes, als daß das Schöne uns in den Schoß wirft, worauf das Leben sonst den Preis der Mühsal, des Kampfes, des Ringens gesetzt hat – uns in den Schoß wirft mit der holdseligen Miene, mit der anmutige Güte den Armen beschenkt, daß er sich als der Gewährende, aus Gunst Annehmende fühlen soll? Man hat mit Recht gesagt, der Reiz des Schönen bestünde in der Leichtigkeit und Ungehemmtheit des Vorstellungsverlaufes, den es entfesselt. Der kurze Augenblick des Genießens wird zu einer ungeheuren Erhöhung des Lebens durch die Fülle leicht dahingleitender Vorstellungen, die die Schwelle des Bewußtseins wie im Tanze umspielen, während das Leben sie in Unverträglichkeit und Reibung auseinanderhält. Im Empfinden des Schönen haben wir uns das zweckmäßige Instrument geschaffen, um die Widerstände der Dinge in der Seele zu überwinden, so daß uns im Spiel gelingt, woran sonst die ganze Arbeit und Mühe des Lebens gesetzt werden muß. Es ist der höchste Triumph, den die Faulheit feiern kann [...]

Die Glückseligkeit ist Sinn und Zweck des Lebens, sie ist das Ziel und die Erfüllung menschlichen Daseins.

Aristoteles, 384–322 v. Chr.

Das Schöne trägt uns in die Fülle des Seins, in die wir sonst nur Schritt für Schritt mit mühsamem Tasten hineinkommen, es trägt die Fülle des Seins in uns, der wir sonst nur mit unsäglicher Arbeit Raum in unserm Innern schaffen können. Die Schönheit ist deshalb das äußerste Raffinement des Willens zur Trägheit, weil sie uns eine scheinbar höchste Aktivität als dessen Befriedigung darbietet: die lebhafteste und ausgreifendste Bewegung des Geistes, durch eine Welt harmonisch geeinter Gefühle und Vorstellungen hin – während doch all ihre Motivierung und Bedeutung in dem liegt, was sie uns an inneren Bemühungen erspart; nicht was wir leisten, sondern was wir eben in dem Glück dieses Genießens nicht zu leisten brauchen, gibt dem Schönen seinen letzten Sinn. Dem geschärften Blick entschleiert sich die Faulheit als das »Ding an sich« der Seele, dem das Schöne nur die blendendste, verblendendste Erscheinung leiht [...]

Was in der Natur die »Erhaltung der Energie« ist, das ist in der Menschenwelt die Erhaltung der Faulheit – d. h., in beiden Fällen ist es ein ein für allemal beschiedenes Maß, das durch die Fülle wechselnder Gestaltungen sich unverändert erhält, von einer der anderen übergeben und in diesem Spiele bloßer Formwandlungen die ganze Bewegung des Daseins erzeugend und erschöpfend. Wie es dieselbe Energie ist, die sich als Wärme, als Elektrizität, als Bewegung äußert und dabei nicht mehr und nicht weniger wird, so ist es eine und dieselbe Faulheitssumme, die sich in der despotischen wie in der parlamentarischen, in der aristokratischen wie in der demokratischen Gesellschaftsform darstellt und in allem Gegensatz ihrer Äußerungen immer dasselbe Maß bewahrt. In der kapitalistischen Ordnung faulenzen einige, und alle anderen müssen arbeiten; die sozialistische verspricht, daß die Faulheit gleichmäßig verteilt werden soll. Aber wenn das Recht auf Faulheit, das das letzte Motiv und Absehen des Rechtes auf Arbeit ist, allgemein wird, so müssen jene wenigen so viel abgeben, wie die vielen gewinnen sollen. Wie die Summe der Energie dem Weltall als sein ewiges Schicksal

Nicht der Mensch hat am meisten gelebt, welcher die höchsten Jahre zählt, sondern derjenige, welcher sein Leben am meisten empfunden hat.

Jean-Jacques Rousseau, 1712–1778

mitgegeben ist, mit dem es auszukommen hat, so ist der Menschenwelt ein Quantum Faulheit beschieden, ein ewig gestaltenwechselnder Proteus, in dessen Wandlungen sich ihre Geschichte vollzieht: Ob die Gesellschaft reich oder arm, gut oder schlecht organisiert, zivilisiert oder roh ist – das alles ist nur ein Hin- und Hergeschiebe, ein Latentwerden oder Wirken, ein Auseinanderfließen oder sich Zusammenziehen jener ewiggleichen Faulheitssumme. Die Faulheit ist der Generalnenner, der allein allen geschichtlichen Mächten gemeinsam ist, der jede als ihr Erfolg oder als ihr Schatten begleitet, der allein die lange gesuchte Einheit des aufbauenden und des zerstörenden Prinzips darstellt, in dem allein die guten und die bösen Potenzen sich zusammenfinden – gerade wie sie das einzige Element ist, das dem körperlichen wie dem geistigen Sein eigen ist und das so, über deren Gegensatz stehend, den einheitlichen Quellpunkt zeigt, aus dem diese beiden Seiten der Wirklichkeit entspringen, um in dem unbegreiflichen Auseinander ihrer Entwicklung uns nur noch diese letzte Einheit der absoluten Faulheit zu gewähren und uns so allein von der Unerträglichkeit ihres unversöhnten Dualismus zu retten.

Und nun noch ein letzter Schritt. Jenes Spiel der kosmischen Kräfte, das von dem Gesetz sich erhaltender Energie gelenkt wird, strebt einem Endpunkt zu: Einmal, so lehren unsere Forscher, werden alle Temperaturunterschiede im Weltall ausgeglichen sein, alle Atome eine Gleichgewichtslage gewonnen haben und die Energie in gleichmäßiger Verteilung durch alles Existierende zerstreut sein. Dann ist das Säkulum der Bewegung zu Ende, und das ewige Reich der kosmischen Faulheit beginnt. So ist sie das letzte, von der Ordnung der irdischen Dinge dieser selbst gesetzte Ziel; und es ist die Höhe und Würde des Menschen, daß er dieses in sich vorwegnehmend verwirklichen kann, indem er

Der Weise lacht nur über das, was wichtig scheint im Menschenleben.

Menandros, 342–291 v. Chr.

in seinen faulsten Stunden im höchsten Sinne zum Mikrokosmos wird, weil das letzte Entwicklungsziel des Kosmos in ihm Geist, Gefühl, Genuß geworden ist. Indem die Philosophie dies jetzt in ihr Bewußtsein gehoben hat, ist der äußerste Punkt ihrer Geschichte erreicht, nach dem sie nur noch schweigen kann, um so, ihrer Aufgabe endlich gerecht geworden, zum ersten Male in sich selbst das Prinzip darzustellen, das sie als das absolute der Welt erkannt hat.

Stachel der Arbeit

Ernst Bloch, 1885–1977

Daß es so leicht ist, nichts mehr tun zu wollen. Daß es uns so schwerfällt, wirklich nichts zu tun. Auch dann, wenn nicht, wie meist, die Not treibt. Auch dort, wo ein Urlaub überdies erlauben mag zu gähnen.

Ganz faul zu sein, scheint so süß wie einfach. Je älter ich werde, sagte ein Freund, desto mehr sehe ich ein, das einzig Richtige wäre, überhaupt nichts zu schaffen. Den ganzen Tag, meint er, könne er am Fenster liegen an einer südlichen Küste, und draußen brauchte auch nichts zu sein. Ein Hund streckt sich auf dem leeren Platz, gähnt, geht einige Schritte und legt sich wieder. Ein Mann kommt von den Stufen des Rathauses, wo er geschlafen hat, langsam nach der andern Seite, um auf den Stufen der Kirche weiterzuschlafen. Etwas Mais nachher und Kugelspiel reicht aus, denn alles ist wert, daß es die Sonne bescheint; in Büros scheint sie ohnehin nicht. Wie uns das Wasser fast trägt und nur wenig Bewegung dazu gehört, um nicht unterzugehen, so trägt oder trug auch die Erde, und ihr Tisch ist fast gedeckt. Bei bescheidenen Wünschen und wenn die Menschen nicht im Norden lebten, wo sie nicht hingehören.

> Nicht die Arbeit, die Muße ist das Ziel des Menschen.
>
> *Oscar Wilde, 1854–1900*

Die höchste Kunst ist die Kunst zu leben.

Novalis, 1772–1801

So aber, sagte der Freund und suchte kein Publikum, kam der Schweiß des Angesichts, schließlich nur noch Schweiß. Unten rasen die Lastautos, das Telefon tönt als des Knaben Wunderhorn, zwölf Stunden Betrieb und nachts noch Bogenlampen vor Schlafzimmern. Eine Welt, die den Stachel Hunger benutzt, um auszubeuten, den Stachel Ausbeutung, um zu verdienen, aber schließlich nur verdient, um erst recht zu arbeiten und das Leben schwerzumachen. Auch später soll man noch arbeiten müssen nach seinen Fähigkeiten, um genießen zu dürfen nach seinen Bedürfnissen; ich will weder Fähigkeiten vorher noch Bedürfnisse nachher haben. So sprach der Freund und sah unwiderleglich aus; doch sein Leben ist anders, nicht einmal unfreiwillig anders. Wie einfach, sollte man meinen, könnte er im Einklang mit seiner Lehre leben. Statt dessen arbeitet er den ganzen Tag, verdrossen und vorzüglich, predigt Wein und trinkt Wasser.

Gott hat uns in die Welt gesetzt, damit wir uns amüsieren. Alles übrige ist platt und scheußlich und erbärmlich.

Voltaire, 1694–1778

Laßt uns weniger betriebsam sein

Robert Louis Stevenson, 1850–1894

Heutzutage, da jeder, der sich nicht die Mißachtung der Welt zuziehen will, einen einträglichen Beruf ergreifen und den Sinn seines Lebens in seiner Arbeit finden muß, hat das Lob des Müßiggangs, die Versicherung, daß man zufrieden ist, wenn man sein Auskommen hat und es sonst vorzieht, sich einen guten Tag zu machen, völlig unberechtigterweise einen Anstrich von Aufschneiderei und Großsprecherei. Tatsächlich aber hat der Müßiggang, der durchaus nicht mit dem Nichtstun identisch ist, sondern dadurch charakterisiert wird, daß man Dinge tut, die in den Augen der herrschenden Klassen keinerlei Sinn haben, ebensoviel Berechtigung wie die Betriebsamkeit.

Zugegebenermaßen ist die Existenz von Menschen, die es ablehnen, sich um einiger Groschen willen an einem Hindernisrennen zu beteiligen, allen denen ein Dorn im Auge, die Anstrengungen dieser Art auf sich zu nehmen bereit sind. Ein anständiger Mensch entscheidet sich für eine Sache und führt sie dann entschlossen durch; es läßt sich verstehen, daß ihn – während er mühsam und angestrengt seinen Weg verfolgt – der Anblick jener ärgert, die am Straßenrande in kühlen Wiesen liegen, ein Tuch über der Stirn und eine Flasche Wein neben sich. Diogenes' Mißachtung traf Alexander an einer sehr empfindlichen Stelle; es ist eine sehr schmerzliche Erfahrung für einen Menschen, der sein ganzes Leben hindurch gearbeitet hat, wenn er am Ende feststellen muß, daß die Menschheit von seinen Bemühungen gar keine Notiz nimmt.

Ohne jeden Zweifel ist der Müßiggang ein sehr wichtiger Bestandteil der Erziehung. Obwohl es hier und dort jemanden gegeben haben soll, der die Schulzeit überstanden hat, ohne seinen Verstand einzubüßen, bezahlen die meisten Menschen ihr Schulgeld sehr teuer; sie haben vorzeitig ihr ganzes Pulver verschossen, und wenn das eigentliche Leben beginnt, sind sie bankrott.

Die Lust ist Ursprung und Ziel des glücklichen Lebens.

Epikuros, 341–271 v. Chr.

Laßt die anderen ihr Gedächtnis mit dem Gerümpel toter Worte anfüllen – nur die Müßiggänger erlernen die wahre Kunst: ein Lied zu trällern, eine gute Zigarre zu rauchen und leicht und angenehm dahinzuplaudern. Viele, die ihre Lehrbücher rechtschaffen durchgeackert und gründliche Kenntnisse aufgespeichert haben, erweisen sich in allen angenehmeren Lagen des Lebens als trockene, gallige und unfreundliche Gesellen.

Der Müßiggänger aber, der gleichzeitig mit ihnen die Bahn des Lebens beschritten hat, bietet ein anderes Bild. Er hat Zeit gehabt, sich um seine Gesundheit und seinen Geist zu kümmern, er ist viel an der frischen Luft gewesen, und das ist für Körper und Geist stets das Beste. Es mag sein, daß er die wichtigen Bücher seiner Zeit niemals gelesen hat – aber er hat sie mit ausgezeichnetem Erfolg angeblättert und flüchtig überflogen. Ach – der Müßiggänger besitzt noch andere Qualitäten. Ich denke an seine Weisheit. Mit Dogmatikern hat er nichts zu schaffen; großzügig und heiter läßt er jedermann gelten. Ausgefallene Wahrheiten sind nicht seine Sache – er gibt sich mit Irrtümern zufrieden, wenn sie nicht allzu sehr auffallen. Gutgelaunt schlendert er die Seitenwege des Lebens entlang.

Verantwortlich ist man nicht nur für das, was man tut, sondern auch für das, was man nicht tut.

Lao-tse, 4./3. Jh. v.Chr.

Übertriebene Geschäftigkeit ist immer ein Zeichen mangelnder Vitalität. Es gibt gewisse armselige Kreaturen, die in der Arbeit den Sinn des Lebens sehen. Würde man sie aufs Land oder auf ein Schiff bringen, würden sie sich nach ihrem Pult sehnen. Sie sind nie neugierig, niemals ausgelassen und mit sich selbst nicht zufrieden. Wenn sie nicht ins Büro gehen, ist die Welt leer für sie. Wenn sie auf die Eisenbahn eine Stunde warten müssen, schlafen sie mit geöffneten Augen.

In der einen Hälfte unseres Lebens opfern wir die Gesundheit, um Geld zu erwerben; in der anderen opfern wir Geld, um die Gesundheit wiederzuerlangen.

Voltaire, 1694–1778

Was mich betrifft, so begegne ich lieber einem glücklichen Menschen, als daß ich eine Fünf-Pfund-Note finde. Ein heiterer Mensch verbreitet gute Laune um sich, und wenn er in ein Zimmer kommt, ist es, als sei ein Licht angezündet worden.

Wofür denn – in Gottes Namen – diese ständige Plackerei?

Für welchen Preis verbittern diese Menschen ihr Leben und das ihrer Mitmenschen? Ob ein Schriftsteller drei oder dreißig Artikel im Jahr veröffentlicht, ob ein Maler ein allegorisches Bild mehr malt – das sind Fragen, für die sich die Welt sehr wenig interessiert. Es gibt äußerst wenige Dinge auf der Welt, die ein Pfund Tabak wert sind. Man kann es drehen, wie immer man will – kein Mensch ist unersetzlich.

Und doch sieht man überall Kaufleute, die ihr Leben auf der Jagd nach dem Gelde verbringen, Schriftsteller, die an ihren Artikeln so lange herumschreiben, bis ihre Laune jeden verärgert, der ihnen in den Weg kommt. Das Ziel, für das sie ihre kostbare Jugend opfern, ist eine Schimäre. Der Ruhm, den sie erhoffen, die Reichtümer, die sie erstreben, kommen nie – oder zu einer Zeit, da ihnen nichts mehr daran liegt. Sie aber haben ihr Leben vertan – auf der Jagd nach dem Unerreichbaren.

Mich friert bei dem Gedanken.

Was man nicht
im Bett tun kann,
ist nicht wert, getan
zu werden.

Groucho Marx,
1895–1977

Ein Mönch beim Studium im Bett, französische Buchillustration aus dem 13. Jahrhundert

Inspirationsquelle

Tom Sawyers Abenteuer

Mark Twain, 1835–1910

Der Samstagmorgen brach an, es war ein heller, frischer Sommermorgen und sprühend von Leben. Jedes Herz war voll Gesang, und wessen Herz jung war, dem sprang der Gesang über die Lippen. Freude glänzte auf allen Gesichtern und beflügelte jeden Schritt. Die Akazien blühten, und ihr süßer Duft erfüllte die Luft.

Das Nichtstun
hat keine Kenntnisse,
es hat keine
Fähigkeiten, doch
es gibt nichts,
was es nicht wüßte,
und es gibt nichts,
was es nicht könnte.

Lao-tse, 4./3. Jh. v. Chr.

Cardiff Hill, in der Nähe des Hauses gelegen, war von Grün bedeckt und gerade entfernt genug, um, wie das gelobte Land, träumerisch, ruhevoll und unberührt zu erscheinen.

Tom erschien auf der Bildfläche mit einem Eimer voll Farbe und einem langen Pinsel. Er überblickte den Zaun – und aller Glanz schwand aus der Natur, und tiefe Schwermut bemächtigte sich seines Gemütes. Dreißig Yard lang und neun Fuß hoch war der unselige Zaun! Das Leben erschien ihm traurig, und er empfand sein kleines Dasein als Last. Seufzend tauchte er den Pinsel in den Topf und strich einmal über die oberste Planke, wiederholte die Operation und wiederholte sie abermals. Dann verglich er das kleine gestrichene Stückchen mit der Unendlichkeit der noch zu bewältigenden Strecke – und hockte sich entmutigt auf einen Baumstamm.

Einsamkeit und
Faulheit liebkosen
die Phantasie.

Fjodor Michajlowitsch Dostojewskij, 1821–1881

Jim kam mit einem Zinneimer aus der Tür und sang »Buffalo Gals«. Wasser von der Pumpe zu holen war Tom immer als eine der unwürdigsten Verrichtungen vorgekommen, jetzt erschien sie ihm in anderem Lichte. Er sagte sich, daß er dort Gesellschaft finden werde; Weiße, Mulatten und Neger, Knaben und Mädchen traf man immer dort, die, bis an sie die Reihe zu pumpen kam, herumlungerten, irgendein Spiel trieben, sich zankten, prügelten und Wetten eingingen. Und dann überlegte er, daß die Pumpe zwar nur einhundertfünfzig Yard entfernt sei, Jim trotzdem aber nie vor Ablauf einer Stunde zurückkam, wenn er ging, einen Eimer Wasser zu holen, und auch dann mußte er gewöhnlich noch geholt werden. Er sagte also: »Du, Jim, ich geh' Wasser holen, wenn du inzwischen anstreichen willst.« Jim schüttelte den Kopf und antwortete: »Geht nicht, Master Tom. Alte Dame sagen mir, zu gehen und holen Wasser und nix aufhalten mit irgendwem. Sie sagen, sie wissen, daß Master Tom werden versuchen, zu gewinnen mich zu streichen, und so sie sagen, Jim zu gehen nach sein eigenes Geschäft und nix zu streichen.«

»Ach was, Jim, laß sie nur reden. So macht sie's immer. Gib mir nur den Eimer – du sollst sehen, ich bin gleich wieder da! Sie braucht's ja nicht zu wissen.«

»Nein, Master Tom, Jim nix tun! Alte Dame wollen ihm Kopf abreißen, wenn er tut so. Sicher, Master Tom!«

»Die? Die kann ja nicht mal schlagen – sie fährt einem mit dem Fingerhut über den Kopf, und wer macht sich daraus was? Ihre Worte sind gefährlich, hm – ja, aber sagen ist doch nicht tun; wenn sie nur nicht immer gleich heulen würde. – Du, Jim, ich geb' dir auch 'ne Murmel! 'ne weiße Glaskugel!«

Jim begann zu schwanken.

»'ne weiße Glaskugel, Jim – und so 'ne große!«

»Ach, sein das schöne, wunderschöne Glaskugel! Aber Master Tom, ich haben so furchtbar Angst vor alte Dame!«

Aber Jim war auch nur ein Mensch – diese Verführungskünste waren zu stark für ihn. Er setzte seinen Eimer nieder und griff nach der Kugel. Im nächsten Augenblick aber sauste er mit seinem Eimer die Straße hinunter, einen Schreckensschrei ausstoßend. – Tom arbeitete mit Vehemenz, und Tante Polly, einen Pantoffel in der Hand und Triumph im Auge, kehrte vom Schlachtfeld zurück.

Aber Toms Energie hielt nicht lange vor. Er dachte an all die Streiche, die er für heute geplant hatte, und sein Kummer wurde immer größer. Bald würden seine Spielgefährten, frei und sorglos, vorüberkommen, um auf alle möglichen Expeditionen auszugehen, und die würden ihre Witze reißen über ihn, der dastand und arbeiten mußte – der bloße Gedanke daran brannte wie Feuer. Er kramte seine irdischen Schätze aus und hielt Heerschau: Murmeln und allerlei Plunder – genug, um jemanden dazu zu bewegen, die Arbeit zu tauschen; aber nicht genug, um sich für eine halbe Stunde die Freiheit zu erkaufen. So steckte er seine armselige Habe wieder in die Tasche und gab den Gedanken auf, einen der Spielgefährten zu bestechen. Mitten in dieser trüben und hoffnungslosen Betrachtung kam ihm plötzlich ein Einfall. Durchaus kein großer, glänzender Einfall. Er nahm seinen Pinsel wieder auf und setzte ruhig die Arbeit fort.

Die Muße ist die Schwester der Freiheit.

Aristoteles, 384–322 v. Chr.

Ben Rogers kam in Sicht, der Junge aller Jungen, der sich über alle lustig machen durfte. Ben ging nicht, er sprang, tanzte, hüpfte – Beweis genug, daß sein Herz leicht und seine Gedanken und Pläne großartig waren. Er knupperte an einem Apfel und ließ sein langes, melodiöses Huu! Huu! hören, dem ein tiefes Ding, dong, ding! Ding, dong, dong! folgte. Er war in diesem Augenblick ein Dampfboot. Als er näher kam, mäßigte er seine Geschwindigkeit, hielt sich in der Mitte der Straße, nahm Kurs nach Steuerbord und legte elegant und mit vielem Geschrei und Umstand bei; denn er stellte nichts Geringeres vor als den »Big Missouri« und hatte neun Fuß Tiefgang. Er war Dampfboot, Kapitän, Besatzung zugleich, stand auf der Kommandobrücke, gab Befehle und führte sie selbst aus.

»Stopp! Ling, ling, ling!« Die Hauptroute war zu Ende, und er wandte sich langsam einem Nebenarm des Flusses zu.

»Stopp! Zurück!! Ling, ling, ling!« Seine Arme sanken ermüdet herunter. »Steuerbord wenden! Ling, ling, ling! Tschschschuh! Tschuh! Tschuuuhhh!!!« Sein rechter Arm beschrieb jetzt große Kreise, denn er stellte ein Rad von 40 Fuß Durchmesser dar. »Backbord zurück! Ling, ling, ling! Tschschuh! Tschuh! Tschuuuhhh!!« Wieder beschrieb der Arm – diesmal der linke – gewaltige Kreise. »Steuerbord stopp!! Ling, ling, ling! Tschschuh! Tschuh! Tschuuuhhh!! Heraus mit dem Tau dort! Lustig, Jungs! Heraus damit! He – wird's bald?! Ein Tau dort um den Pfeiler – so, nun los, Jungens – los!! Maschine stopp!! Ling, ling, ling!! Tschschuh! Schscht! Schscht!!« (Läßt den Dampf ausströmen.)

Tom war ganz vertieft in seine Anstreicherei, er merkte nichts von der Ankunft des Dampfbootes! Ben blieb einen Moment stehen, dann sagte er grinsend: »Strafarbeit, Tom, wie?«

Keine Antwort. Tom überschaute seine Arbeit mit dem Auge eines Künstlers. Dann machte er mit dem Pinsel noch einen eleganten Strich und äugte wieder kritisch. Ben rannte zu ihm hin, Tom wässerte der Mund nach dem Apfel, aber er tat, als sei er ganz vertieft in seine Arbeit. Ben sagte: »Hallo, alter Bursche, Strafarbeit, was?«

»Ach, bist du's, Ben? Ich hatte dich nicht bemerkt.«

»Weißt du, ich geh' schwimmen. Kommst du mit? Aber sicher bleibst du lieber bei deiner Arbeit, nicht?«

Tom schaute den Burschen erstaunt an und sagte: »Was nennst du Arbeit?«

»Na, ist das vielleicht keine Arbeit?«

Tom betrachtete seine Malerei und sagte nachlässig: »Na, vielleicht, vielleicht auch nicht, jedenfalls macht es einem gewissen Tom Sawyer Spaß.«

Niemals ist man tätiger, als wenn man dem äußeren Anschein nach nichts tut, niemals ist man weniger allein, als wenn man in der Einsamkeit mit sich allein ist.

Marcus Porcius Cato, 234–149 v. Chr.

»Mensch, du willst doch nicht wirklich behaupten, daß dir das da Spaß macht?!«

»Spaß? Warum soll's denn keinen Spaß machen? Kannst du vielleicht jeden Tag einen Zaun anstreichen?«

Ben erschien die Sache plötzlich in anderem Lichte. Er hörte auf, an seinem Apfel zu knuppern. Tom fuhr mit seinem Pinsel bedächtig hin und her, hielt an, um sich von der Wirkung zu überzeugen, half hier und da ein bißchen nach, prüfte wieder, während Ben immer aufmerksamer wurde, immer interessierter. Plötzlich sagte er: »Du, laß mich mal ein bißchen streichen!«

Niemals bin ich weniger müßig als in meinen Mußestunden.

Marcus Tullius Cicero, 106–43 v. Chr.

Tom überlegte, war nahe daran, einzuwilligen, besann sich aber dann: »Nee, nee. Ich würde es herzlich gern tun, Ben. Aber – Tante Polly gibt so viel gerade auf diesen Zaun, gerade an der Straße – weißt du. Wenn es der schwarze Zaun wäre, wär's mir recht, und ihr wär's auch recht. Ja, sie gibt schrecklich viel auf diesen Zaun, deshalb muß ich das da sehr sorgfältig machen. Ich glaube, von tausend, was – zweitausend Jungen ist vielleicht nicht einer, der's ihr recht machen kann.«

»Na – wirklich? – Du – gib her, nur mal probieren, nur ein klein bißchen probieren. Ich würde dich lassen, wenn's meine Arbeit wäre, Tom.«

»Ben, ich würd's wahrhaftig gern tun; aber Tante Polly – weißt du, Jim wollt's auch schon tun, aber sie ließ ihn nicht. Sid wollte es machen, aber er durfte es auch nicht. Wenn du den Zaun anstreichst und es würde was passieren, Ben –«

»Ach, Quatsch! Ich will's ganz vorsichtig machen! Nur mal versuchen! Wenn ich dir nun den Rest von meinem Apfel dafür geb'?«

»Na, dann – nee, Ben, tu's nicht, ich hab' solche Angst –!«

»Ich geb' dir den ganzen Apfel!«

Tom gab mit widerstrebender Miene den Pinsel ab – innerlich frohlockend. Und während der Dampfer »Big Missouri« in der Sonnenhitze arbeitete und schwitzte, saß der Künstler a. D. auf einem Fäßchen im Schatten des Zaunes, schlug die Beine übereinander, verzehrte seinen Apfel und grübelte, wie er noch mehr Ahnungslose zu seinem Entsatz anlocken könnte. Opfer genug waren vorhanden. Andauernd schlenderten Jungen vorüber. Sie kamen, um ihn zu verhöhnen, und blieben, um zu streichen. Nach einiger Zeit war Ben müde geworden. Tom hatte als nächstes Billy Fisher ins Auge gefaßt, der ihm eine tote Ratte anbot, die man an einer Schnur durch die Luft schwingen konnte; und von Johny Miller bekam er eine guterhaltene Sackpfeife, und immer so weiter – stundenlang. Und als der Abend hereinbrach, war aus dem armen, verlassenen Tom vom Morgen ein buchstäblich im Reichtum schwimmender Tom geworden. Er besaß außer den schon angeführten Gegenständen zwölf Murmeln, ein Stück von einer Mundharmonika, ein Stück blaugefärbtes Glas zum Durchschauen, eine Spielkanone, ein Messer, das gewiß nie jemand Schaden getan hatte oder jemals tun konnte, ein bißchen Kreide, einen Glasstöpsel, einen Zinnsoldaten, ein paar Kaulquappen, sechs Schwärmer, ein Kätzchen mit einem Auge, einen messingnen Türgriff, ein Hundehalsband (aber keinen Hund), den Griff eines Messers, vier Orangenschalen und einen zerbrochenen Fensterrahmen. Er hatte einen sorglosen, bequemen und lustigen Tag gehabt, eine Menge Gesellschafter – und der Zaun hatte eine dreifache Lage Farbe bekommen! Wäre nicht der Zaun jetzt fertig gewesen – Tom hätte noch alle Jungen des Städtchens bankrott gemacht.

Tom erschien die Welt nicht mehr gar so uneben. Ohne es selbst recht zu wissen, hatte er ein tief in der menschlichen Natur wurzelndes Gesetz entdeckt. Um jemanden, groß oder klein, nach etwas lüstern zu machen, ist es nur nötig, dieses

Etwas schwer erreichbar zu machen. Wäre er ein großer und weiser Philosoph gewesen, gleich dem Verfasser dieses Buches, er würde jetzt begriffen haben, daß das, was jemand tun muß, Arbeit, was er freiwillig tut, dagegen Vergnügen heißt. Er würde ferner verstanden haben, daß künstliche Blumen machen oder in die Tretmühle eingespannt sein »Arbeit« ist, Kegelschieben aber oder den Montblanc besteigen »Vergnügen«.

Das glücklichste Los, was dem Genie werden kann, ist Entbindung vom Tun und Lassen, als welches nicht sein Element ist, und freie Muße zu seinem Schaffen.

Arthur Schopenhauer, 1788–1860

Es gibt reiche Engländer, die einen Viererzug zwanzig bis dreißig Meilen an einem Tag kutschieren, weil dieser Spaß sie einen Haufen Geld kostet; bezahlte man sie aber dafür, so würden sie es als Arbeit betrachten und darauf verzichten.

Schöpferische Muße

Emil Küng, 1914–1992

Muße [...] bedeutet, die Gedanken und Vorstellungen in wahlloser Abfolge sich selbst zu überlassen, statt sie zu kontrollieren, zu lenken und ein bestimmtes Ziel erreichen zu wollen. Es heißt, sich als passives Element der Natur zu empfinden und sich daran zu freuen. Es ist gleichbedeutend damit, jeglicher Hetze und Unrast zu entsagen und das innere Gleichgewicht zu finden.

Wenn der Mensch zur Ruhe gekommen ist, dann wirkt er.

Francesco Petrarca, 1304–1374

Daß diese qualifizierte Art des Nichtstuns in hohem Maße fruchtbar und lebensfördernd ist, steht wohl außer Zweifel. Was wir hier vor uns haben, ist die *schöpfe-*

Gar nichts tun, das ist die allerschwierigste Beschäftigung und zugleich diejenige, die am meisten Geist voraussetzt.

Oscar Wilde, 1854–1900

rische Muße, jener Zustand also, bei dem das Unbewußte und Unterbewußte sich frei zur Geltung bringen können. Es ist hinlänglich bekannt, daß sie gerade dann viele Probleme für uns lösen, die der Intellekt trotz aller Anstrengungen nicht zu lösen vermochte. Es ist die Intuition, die jetzt zu ihrem Recht kommt. Es sind die bedeutendsten Einfälle und neuen Assoziationen, die in einer solchen Stimmung der Hingabe zustande kommen – wobei bereits der Ausdruck »Einfälle« darauf hindeutet, daß gleichsam etwas von außen kommt, das man nicht erzwingen kann.

Im Hinblick darauf müßte man geradezu fordern, daß die Verantwortungsträger vermehrt in die Lage kommen, dieser schöpferischen Muße teilhaftig zu werden. Besteht nicht eine ihrer wichtigsten Aufgaben darin, *neue Ideen* zu gebären? Und ist es nicht so, daß sie, eingespannt in den Trubel der Leistungsgesellschaft, vor lauter Alltagspflichten viel zu wenig dazu kommen? Wäre ein Plus an Muße nicht außerdem dazu angetan, ihre Einseitigkeiten etwas zu beheben, Distanz zu gewinnen und die Dinge wieder in ihren wahren Proportionen zu sehen? Würde dadurch nicht auch jene fatale Verstricktheit in die Organisation etwas gemildert, die so sehr zur Abnützung beiträgt? Ließen sich nicht sogar die Sorgen leichter tragen, weil sie nicht mehr so ernst genommen würden?

Wir sehen: Mehr Muße im Sinne eines *Korrektivs gegen die Leistungsgesellschaft und ihre Exzesse* läßt sich sehr wohl vertreten und bedeutet noch längst nicht das Versinken im gegenteiligen Übel, sondern zunächst einmal das Zurückfinden zur goldenen Mitte.

Kultur braucht Sklaven

Oscar Wilde, 1854–1900

An der körperlichen Arbeit ist ganz und gar nichts notwendig Würdevolles, und meistens ist sie ganz und gar entwürdigend. Es ist geistig und moralisch genommen schimpflich für den Menschen, irgend etwas zu tun, was ihm keine Freude macht, und viele Formen der Arbeit sind ganz freudlose Beschäftigungen und sollten dafür gehalten werden. Einen kotigen Straßenübergang bei scharfem Ostwind acht Stunden am Tag zu fegen, ist eine widerwärtige Beschäftigung. Ihn mit geistiger, moralischer oder körperlicher Würde zu fegen, scheint mir unmöglich. Ihn freudig zu fegen, wäre schauderhaft. Der Mensch ist zu etwas Besserem da, als Schmutz zu entfernen. Alle Arbeit dieser Art müßte von einer Maschine besorgt werden.

Und ich zweifle nicht, daß es so kommen wird. Bis jetzt war der Mensch bis zu gewissem Grade der Sklave der Maschine, und es liegt etwas Tragisches in der Tatsache, daß der Mensch, sowie er eine Maschine erfunden hatte, die ihm seine Arbeit abnahm, Not zu leiden begann. Das kommt indessen natürlich von unserer Eigentums- und Konkurrenzwirtschaft. Ein einzelner ist der Eigentümer einer Maschine, die die Arbeit von fünfhundert Menschen tut. Fünfhundert Menschen sind infolgedessen beschäftigungslos; und da man ihre Arbeit nicht braucht, sind sie dem Hunger preisgegeben und legen sich auf den Diebstahl. Der einzelne eignet sich das Produkt der Maschine an und behält es und hat fünfhundertmal soviel, als er haben sollte, und wahrscheinlich, was viel wichtiger ist, bedeutend mehr, als er tatsächlich braucht. Wäre diese Maschine das Eigentum aller, so hätte je-

> Nichts großes Geistiges wurde je durch eine Anstrengung hervorgebracht; Großes kann nur von einem Großen geschaffen werden, und er tut es ohne Anstrengung.
>
> *John Ruskin, 1819–1900*

dermann Nutzen davon. Sie wäre der Gemeinschaft von größtem Vorteil.

Jede rein mechanische, jede eintönige und dumpfe Arbeit, jede Arbeit, die mit widerlichen Dingen zu tun hat und den Menschen in abstoßende Situationen zwingt, muß von der Maschine getan werden. Die Maschine muß für uns in den Kohlengruben arbeiten und gewisse hygienische Dienste tun und Schiffsheizer sein und die Straßen reinigen und an Regentagen Botendienste tun und muß alles tun, was unangenehm ist. *Jetzt verdrängt die Maschine den Menschen. Unter richtigen Zuständen wird sie ihm dienen.* Es ist durchaus kein Zweifel, daß das die Zukunft der Maschine ist, und ebenso wie die Bäume wachsen, während der Landwirt schläft, so wird die Maschine, während die Menschheit sich der Freude oder edler Muße hingibt – Muße, nicht Arbeit, ist das Ziel des Menschen – oder schöne Dinge schafft oder schöne Dinge liest oder einfach die Welt mit bewundernden und genießenden Blicken umfängt, alle notwendige und unangenehme Arbeit verrichten.

Bei der Muße soll nicht etwa träges Nichtstun locken, sondern das Erforschen und Auffinden der Wahrheit.

Aurelius Augustinus, 354–430

Es steht so, daß die Kultur Sklaven braucht. Darin hatten die Griechen ganz recht. Wenn es keine Sklaven gibt, die die widerwärtige, abstoßende und langweilige Arbeit verrichten, wird Kultur und Beschaulichkeit fast unmöglich. Die Sklaverei von Menschen ist ungerecht, unsicher und entsittlichend. Von mechanischen Sklaven, von der Sklaverei der Maschine hängt die Zukunft der Welt ab. Und wenn gebildete und gelehrte Männer es nicht länger nötig haben, in ein fürchterliches Armenviertel hinabzusteigen und schlechten Kakao und noch schlechtere Decken an halbverhungerte Menschen zu

Sind geschäftig die Hände, bleibt ohne Weisheit das Herz.

Po Chü-i, 772–846

verteilen, so werden sie eben köstliche Muße haben, wundervolle und herrliche Dinge zu ihrer eigenen und aller andern Freude zu ersinnen.

Zum Philosophieren

Arthur Schopenhauer, 1788–1860

Zum Philosophieren sind die zwei ersten Erfordernisse diese: erstlich, daß man den Mut habe, keine Frage auf dem Herzen zu behalten, und zweitens, daß man alles das, was *sich von selbst versteht*, sich zum deutlichen Bewußtsein bringe, um es als Problem aufzufassen. Endlich auch muß, um eigentlich zu philosophieren, der Geist wahrhaft müßig sein: Er muß keine Zwecke verfolgen und also nicht vom Willen gelenkt werden, sondern sich ungeteilt der Belehrung hingeben, welche die anschauliche Welt und das eigene Bewußtsein ihm erteilt. – Philosophie-Professoren hingegen sind auf ihren persönlichen Nutzen und Vorteil, und was dahin führt, bedacht: Da liegt ihr Ernst. Darum sehen sie so viele deutliche Dinge gar nicht, ja kommen nicht ein einziges Mal auch nur über die Probleme der Philosophie zur Besinnung.

Meditierender Demokrit, Salvador Rosa um 1662

Teil 3

Anleitung zum Faulsein

Der Mensch muß sich aber hüten, durch zu viel Arbeit seinen Leib zu töten.
Hildegard von Bingen, 1098–1179

Mach mal Pause! Nur wie?

In der ständig wachsenden Hektik der computerdiktierten Industriegesellschaft suchen immer mehr Menschen »Entschleunigung« und hoffen damit, ihr individuelles Lebensglück zu finden: Einklang mit der Natur und neue Spiritualität durch die Hinwendung zu fernöstlichen Weisheitslehren, zum Beispiel dem Zen-Buddhismus. Ganzheitliche Denkweisen verheißen dabei Beistand für Seele, Geist und Körper. Folgerichtig haben – oft gegen den erbitterten Widerstand der Schulmedizin – auch verstärkt alternative Heilverfahren aus dem asiatischen Raum Einzug in das westliche Gesundheitswesen gehalten. Dazu zählen die Traditionelle Chinesische Medizin (TCM) mit Akupunktur und Akupressur, T'ai Chi und Qigong, die ebenfalls jahrtausendealten Lehren des indischen Ayurveda, Yoga und Meditation, »Die Fünf Tibeter« als Jungbrunnen der Mönche in den Hochtälern des Himalaja sowie zahlreiche andere Behandlungsweisen, die oft zu erstaunlichen Erfolgen führen.

Der Mensch ist nicht erschaffen, um zu arbeiten. Der Beweis: Er wird müde davon.

Alexandre Dumas, 1824–1895

Nun mag es sich bei der Vielfalt der Verheißungen und Angebote nicht selten um Scharlatanerie und Quacksalberei handeln. Das im einzelnen zu bewerten, steht uns hier nicht an. Festzuhalten bleibt aber, daß immer mehr Menschen nach einer Ruhe suchen, die bei sich selbst zu finden sie offenbar verlernt haben. Diese Fähigkeit wieder zu erlangen, kann auf verschiedene Arten erfolgen – meinetwegen auch auf fernöstliche.

Daß wir uns aber die Kunst der Muße wieder aneignen müssen, dafür sprechen nicht nur die meisten der hier versammelten Weisheiten, dafür sprechen auch die objektiven Umstände. Denn die verheißen nichts Gutes.

> Allgemein ist die Hast, weil jeder auf der Flucht vor sich selbst ist.
>
> *Friedrich Nietzsche, 1844–1900*

Nach Feststellung der Weltgesundheitsorganisation (WHO) ist der *Streß* eine der größten Gesundheitsgefahren des 21. Jahrhunderts, weltweit verantwortlich für die meisten Herz-Kreislauf-Erkrankungen, für Infarkte, für Schlaganfälle und sogar für Krebs. Eine jüngste deutschlandweite Studie führte zu dem erschreckenden Ergebnis, daß sich fast 80 Prozent aller Befragten über 14 Jahren und damit hochgerechnet mehr als 50 Millionen Bundesbürger extremen Belastungen in Schule, Arbeit und Familie ausgesetzt fühlen. Die WHO schätzt für Deutschland den jährlichen Schaden durch streßbedingte Erkrankungen auf mehrere Milliarden Euro. Wie Untersuchungen des amerikanischen National Institute of Occupational Safety and Health ergaben, werden in den USA heute bereits über die Hälfte aller Krankentage durch Streß verursacht.

Dieser Streß, auch das belegen neuere Untersuchungen, ist auch in der sogenannten Freizeit nicht mehr nennenswert abzubauen. Zwar haben wir in den letzten Jahrzehnten immer mehr Freizeit dazugewonnen, finden jedoch immer weniger Muße. »Den meisten Menschen«, so der Sportpsychologe und Freizeitforscher Henning Allmer, »mangelt es an Erholungsfähigkeit.« Zwei Drittel aller Berufstätigen seien unfähig, nach der Arbeit abzuschalten.

Wie wichtig Entspannung ist, die richtige Dosierung des Energieeinsatzes, betonen ebenso – um nicht nur die Philosophen und Schöngeister zu Wort kommen zu lassen – die Biologen, die sich mit dem Stoffwechsel aller Lebensvorgänge beschäftigen. Sie gehen davon aus, daß jedes Lebewesen, auch der Mensch, mit dem proportional zum Körpergewicht gleichen Vorrat an Lebensenergie zur Welt kommt (etwa 2500 Kilojoule pro Gramm). Mücke und Elefant – um extreme Beispiele zu wählen – verfügen danach über eine anteilig identische Energiemenge, von deren unterschiedlichem Verbrauchstempo die Lebensdauer abhängt; ist der »Akku« leer, bedeutet dies den Tod. Demzufolge wird das aktuelle Alter eines Organismus nicht von der real gelebten Zeit (Tage, Monate, Jahre), sondern vom jeweiligen Energiepegel bestimmt.

Der deutsche Stoffwechselphysiologe Roland Prinzinger hat diese Theorie vor allem durch die Datenauswertung von über 900 Vogelarten überzeugend untermauert. Er gelangte zu dem überraschenden Ergebnis, daß alle – Gewicht und Lebensdauer ins Verhältnis gesetzt – über dieselbe Gesamtenergiemenge verfügen, die beim quirligen Kleinvogel für vier Jahre, beim trägen Großvogel bis zu 100 Jahre ausreicht. Daraus ergibt sich die weitgehend für die gesamte Fauna gültige Grundregel: je schwerer ein Lebewesen, um so niedriger seine Stoffwechselrate, um so sparsamer sein Energieverbrauch, um so länger sein Leben. »Gewichtige« Bestätigungen hierfür sind beispielsweise die Riesen- oder Elefantenschildkröten mit einem Alter bis zu 250 Jahren – heutige Exemplare könnten also schon lange vor der Französischen Revolution faul am Strand der Galapagos-Inseln herumgelegen haben!

Nicht die absolute Größe eines Lebewesens, sondern seine meist proportionale Trägheit bedingt entsprechende Langlebigkeit. Kleinere Tiere können mit »Energiesparprogrammen« wie Winterschlaf und Starrezustand diese Grundregel überlisten. Katzen, die sich weitaus mehr Ruhe gönnen als die Hetznatur dem größeren Hund, werden trotz geringerer Masse wesentlich älter, und der Zitronenfalter hat mit Abstand die höchste Lebens-

> Arbeit, die nicht
> Spaß macht,
> ist Schinderei.
>
> *Papst Stephan VI., †897*

erwartung aller Schmetterlinge – er hält als einziger einen mehrwöchigen »Sommerschlaf«.

Diese Gesetzmäßigkeiten überträgt die Stoffwechseltheorie mit dem Ziel der Verlangsamung des Alterns und der Verlängerung des Lebens auch auf den Menschen, zumal dieser im Gegensatz zum Tier bewußten Einfluß auf die Reduktion seines Energieverbrauchs und die Drosselung seiner Stoffwechselaktivität durch Einschränkung der Kalorienzufuhr zu nehmen vermag. Dazu gehören Mäßigung im Essen und Trinken, im Genußmittelkonsum wie auch im Sport, energiesparender ausreichender Schlaf, vor allem aber Streßabbau, Ruhe und Gelassenheit.

Dies alles ließe sich in dem zusammenfassenden Leitsatz bündeln: Faulheit verlängert das Leben! Wer faul ist, das bestätigt auch der Medizin-Professor Peter Axt, lebt sowohl länger als auch gesünder. »Wer statt Squash zu spielen, einen längeren Mittagsschlaf hält, hat die besten Chancen, alt zu werden.« Er empfiehlt daher, mindestens die Hälfte unserer

Zeit zu vertrödeln und genüßlich faul herumzuhängen. Denn in der Endabrechnung, so seine Begründung, würde niemand von uns auch nur eine Lebensstunde zurückerhalten.

Wer faul ist, so muß hier noch ergänzt werden, lebt aber nicht nur länger und gesünder, er oder sie lebt vor allem und in erster Linie auch wesentlich besser als der zum Müßiggang Unfähige oder der sich jede Muße Verbietende. Denn wer Ruhe und Stille finden und genießen kann, den wird auch das Glück ereilen.

Es ist ein einförmiges Ding um das Menschengeschlecht. Die meisten verarbeiten den größten Teil der Zeit, um zu leben, und das bißchen, was ihnen von Freiheit übrigbleibt, ängstigt sie so, daß sie alle Mittel aufsuchen, um es loszuwerden.

Johann Wolfgang von Goethe, 1749–1832

Krank durch Arbeit

Leonce und Lena

Georg Büchner, 1813–1837

VALERIO *(mit Würde)*: Herr, ich habe die große Beschäftigung, müßigzugehen; ich habe eine ungemeine Fertigkeit in Nichtstun; ich besitze eine ungeheure Ausdauer in der Faulheit. Keine Schwiele schändet meine Hände, der Boden hat noch keinen Tropfen von meiner Stirne getrunken, ich bin noch Jungfrau in der Arbeit, und wenn es mir nicht der Mühe zuviel wäre, würde ich mir die Mühe nehmen, Ihnen diese Verdienste weitläufiger auseinanderzusetzen.

LEONCE *(mit komischem Enthusiasmus)*: Komm an meine Brust! Bist du einer von den Göttlichen, welche mühelos mit reiner Stirn durch den Schweiß und Staub über die Heerstraße des Lebens wandeln und mit glänzenden Sohlen und blühenden Leibern gleich seligen Göttern in den Olympus treten? Komm! Komm! [...] Wir lassen alle Uhren zerschlagen, alle Kalender verbieten und zählen Stunden und Monden nur nach der Blumenuhr, nur nach Blüte und Frucht [...]

VALERIO: Und ich werde Staatsminister, und es wird ein Dekret erlassen, daß, wer sich Schwielen an die Hände schafft, unter Kuratel gestellt wird; daß, wer sich krank arbeitet, kriminalistisch strafbar ist; daß jeder, der sich rühmt, sein Brot im Schweiße seines Angesichts zu essen, für verrückt und der menschlichen Gesellschaft gefährlich erklärt wird; und dann legen wir uns in den Schatten und bitten Gott um Makkaroni, Melonen und Feigen, um musikalische Kehlen, klassische Leiber und eine kommode Religion!

Gestört

Wilhelm Busch, 1832–1908

Ich gedachte still zu sitzen,
Doch sogleich begann das Treiben:
Du mußt gehen, laufen, schwitzen,
Um so forsch wie wir zu bleiben.

Und sie wollten mir nach ihrer
Mode keine Ruhe gönnen,
Gleich wie Boten und Hausierer
Sollt' ich hin und wider rennen.

Ich besah mir diese Geister,
Diese ungestümen Treiber.
Oft sind solche weisen Meister
grad die ärgsten Klageweiber.

Weltjammer

Erich Mühsam, 1878–1934

Wie sie heulen, wie sie flennen,
Wie sie sich geschäftig rackern!
Leben heißt den armen Knackern
Jammern und nach Gelde rennen.

Schätze haben, meint der Reiche,
Macht erst glücklich und zufrieden.
Nur die Gründe sind verschieden,
Doch die Sorge bleibt die gleiche.

Keine haben, meint der Arme,
Schafft erst recht Verdruß und Trauer!
König, Dame, Magd und Bauer –
Alles stöhnt, daß Gott erbarme.

Ich nur lache. Gräßlich öde
Dünkt mich Welt und Mensch und Leben.
Muß denn alles wimmern, beben? –
Gott ist doch ein Erztragöde!

Derweil ich erhaben gähne
Ob dem Jammern und dem Weinen,
Kugelt mir aus meinem einen
Äuglein eine dicke Träne.

Allzu eifrig

Eugen Roth, 1895–1976

Ein Mensch sagt – und ist stolz darauf –,
Er geh' in seinen Pflichten auf.
Bald aber, nicht mehr ganz so munter,
Geht er in seinen Pflichten unter.

Die Bank

Wolfgang Schneider, 1938–2003

> Die Zeit vergeht nicht schneller als früher, aber wir laufen eiliger an ihr vorbei.
>
> *George Orwell, 1903–1950*

Eine kleine Stadt an der Côte d'Azur, ein Ort, wo Schickeria und lärmender Tourismus noch nicht angelandet sind – dafür einheimische Fröhlichkeit an naturbelassenen Stränden, die öffentlichen Anlagen vom liebenswertem Charme hinnehmbarer Vernachlässigung geprägt. Doch damit soll nun Schluß sein, ein Spielkasino und ein Luxushotel müssen her, Yachthafen und Vergnügungspark fremdenverkehrsfreundlich gestylt werden.

Hinter dem Haus, in dem wir einen guten Teil des Jahres verbringen, beginnt ein kleiner Stadtwald, von den Anwohnern bisher abschätzig als »großes Hundeklo« bezeichnet. Auch ihn haben die Segnungen investitiver Weitsicht erreicht: Ausbau der Wege, Auslichtung des Unterholzes, Ausgabe von Tüten für die Notdurft der Vierbeiner (von Herrchen und Frauchen ebenso nach- statt einsichtig belächelt wie der ausgeschilderte Leinenzwang). Vor allem aber: Es werden Bänke aufgestellt, nicht etwa feingliedrige Gartenmöbel, sondern derbe, rustikale Sitzgelegenheiten, wie für die Ewigkeit gezimmert und jeden Vandalismus im bösen Keim erstickend.

Es ist an einem frühen Nachmittag, als ich mich – neugierig geworden durch tagelanges, gleichermaßen holz- wie nervenzerreißendes Gekreische von Kettensägen – aufmache, das Ergebnis in Augenschein zu nehmen. Auf direktem Wege gelange ich inmitten eines Rudels freilaufender Hunde zu meinem Lieblingsort, einem Felsvorsprung mit überwältigender Sicht auf das Meer und seine umkränzenden Berge. Oft und lange habe ich hier gestanden und mir einen Sitzplatz gewünscht, den Ausblick noch besser genießen zu können.

Übe die Reglosigkeit, beschäftige dich mit Untätigkeit, finde im Verzicht Genuß – und du siehst das Große im Kleinen, das Viele im Wenigen.

Lao-tse, 4./3. Jh. v. Chr.

Dieser Traum ist in Erfüllung gegangen: Auf dem Plateau steht eine aus Baumstämmen festgefügte Bank, wie eine naturgewordene Aufforderung zum Verweilen und Insichgehen. Zwei Männer sitzen auf ihr, durch Kleidung und Werkzeug ausgewiesen als Schöpfer dieser Oase der Ruhe, gleichsam entsprungen jener Gauloises-Reklame, in der ein mehrtagebärtiger Typ von Südfranzose erklärt, er mache heute das, was er am liebsten tue – nämlich nichts.

»Nehmen Sie Platz, Monsieur, wir haben«, kurzer Blick auf die Uhr, »sowieso gleich Feierabend.«

Ich mustere die Bank. Sie ruht ähnlich einem Schlitten, für hiesige Vergleiche besser einem Katamaran, auf doppelseitigen Stämmen. Der Boden, der sie trägt, ist nicht ganz eben, der Sitz wäre schief, hätte man nicht unregelmäßig geschnittene Bretter daruntergeschoben. So steht die Bank zwar halbwegs gerade, macht aber einen aus meiner Sicht unfertigen Eindruck.

Alle Uhren gehen sehr.

Jean Paul, 1763–1825

»Wie lange werden Sie noch daran zu arbeiten haben?«, frage ich die Männer. Sie blicken mich verständnislos an. »Ich meine, wann werden Sie hier fertig sein?«

»Fertig? Wir sind hier fertig«, sagt einer von ihnen und

versenkt mit bedauernder Miene eine halbvolle Rotweinflasche im Rucksack. Dabei bemerkt er meinen Blick auf das vermeintliche Provisorium der ausgleichenden Bretter, die mich an Bierdeckel unter Tischen deutscher Gartenkneipen erinnern. »Sitzen Sie nicht bequem? Und fest? Auf dieser Bank können Sie herumspringen wie in Ihren jungen Jahren!«

Ich übergehe den Hinweis auf mein Alter mit schmerzlicher Gelassenheit und versuche, sachliche Argumente für eine Nachbesserung zu finden, murmele etwas von Zementsockel …

»Zement? Hier im Wald?« Der Mann ist aufgestanden, stampft mit dem Fuß auf den federnden Boden. »Mon Dieu, was für ein Gedanke!«

Es ist also zu sagen, daß das beschauliche Leben schlechthin besser ist als das tätige Leben.

Thomas von Aquin, um 1225 bis 1274

Eigentlich … wenn ich es recht bedenke … ganz so unrecht hat er wohl gar nicht, sähe wirklich scheußlich aus. Doch ich gebe so schnell nicht auf: »Aber hätte man nicht wenigstens die Unterlegbretter gleichmäßig ausrichten können, ich meine gerade und …«

Er fällt mir ins Wort: »Gerade?!« In komischer Verzweiflung hebt er die Arme. »Monsieur, wir sind hier in der Natur. Zeigen Sie mir einen geraden Baum, einen geraden Ast! Sehen Sie dort«, er weist mit großer Geste auf eine mächtige Pinie, »gerade weil sie krumm ist, sich halten muß, spürt man ihre Kraft. Stellen Sie sich doch nur einmal vor«, er schüttelt sich beim bloßen Gedanken, »alle Bäume dieses Waldes wären gerade, wie …«, er sucht nach einem Vergleich, hat natürlich längst gemerkt, woher ich komme, und setzt nun mit verschmitztem Lächeln hinzu: »… wie ein Regiment preußischer Soldaten!«

Freundlich grüßend nähert sich in diesem Moment ein Spaziergänger, angelockt von dem Disput und beschleunigt durch die Vorstellung, etwas versäumen zu können. »Stören Sie diese Brettchen?«, wird er auch sogleich einbezogen.

»Welche Brettchen?«

Mit einer Handbewegung, mit der einst Napoleon seine Heerscharen in Marsch gesetzt haben könnte, wird ihm das Holz des Anstoßes gewiesen.

»Wieso stören? Wen sollte das stören? Ist doch sogar ganz praktisch. Sehen Sie«, er hebt den rechten Fuß, »überall Hundehaufen. Und so«, er streicht mit der Schuhsohle über eine der vorstehenden Planken, »voilà, alles wieder sauber!« Spricht's und eilt leichtfüßig von dannen.

In die Genugtuung der Männer mischt sich so etwas wie Mitleid. Schulterklopfend werde ich eingeladen, zwischen ihnen Platz zu nehmen. »Hier, trinken Sie einen Schluck!« Unbemerkt ist die Rotweinflasche den Tiefen des Rucksacks entstiegen. »Auf Ihre Gesundheit – und auf das Leben!« Ich bin gerührt.

»Sie haben schon recht, Monsieur, natürlich hätten wir die Bretter richten, sogar den Boden planieren können; eine Wasserwaage hatten wir nämlich auch schon mal«, fügt er stolz hinzu. »Aber warum das alles?« Und fast beschwörend: »Nennen Sie mir einen einzigen vernünftigen Grund!«

In meinem Kopf arbeitet es, ich erwäge, ästhetische Normen heranzuziehen, werde mir rechtzeitig dieses Unsinns bewußt – und schweige.

»Sehen Sie, wir hatten einen schönen Tag, haben die Bank aufgestellt, dann lange auf ihr in der Sonne gesessen, auf das Meer geblickt, glücklich und zufrieden auch im Gedanken an all jene, die künftig hier solche Ruhe finden werden. Sollten wir uns all dies mit überflüssiger Arbeit verderben, nur damit etwas gerade ist?«

Erstmals meldet sich nun der andere, bisher schweigsame Mann zu Wort, brummelt das Fazit: »Im Leben ist eben nicht alles gerade!« Und ergänzt mit Blick auf eine sich nähernde stattliche Blondine: »Dieu, merci! Die Kurven sind unser Glück!«

Das Recht auf Faulheit

Paul Lafargue, 1842–1911

Es gibt Wichtigeres im Leben, als beständig dessen Geschwindigkeit zu erhöhen.

Mahatma Gandhi, 1869–1948

Eine seltsame Sucht beherrscht die Arbeiterklasse aller Länder, in denen die kapitalistische Zivilisation herrscht, eine Sucht, die das in der modernen Gesellschaft herrschende Einzel- und Massenelend zur Folge hat. Es ist dies die Liebe zur Arbeit, die rasende, bis zur Erschöpfung der Individuen und ihrer Nachkommenschaft gehende *Arbeitssucht*.

Statt gegen diese geistige Verirrung anzukämpfen, haben die Priester, die Ökonomen und die Moralisten die Arbeit heiliggesprochen. Blinde und beschränkte Menschen, haben sie weiser sein wollen als ihr Gott; schwache und unwürdige Geschöpfe, haben sie das, was ihr Gott verflucht hat, wiederum zu Ehren zu bringen gesucht [...]

Wenn die Zeit kommt, in der man könnte, ist die vorüber, in der man kann.

Marie Freifrau von Ebner-Eschenbach, 1830–1916

In der kapitalistischen Gesellschaft ist die Arbeit die Ursache des geistigen Verkommens und körperlicher Verunstaltung. Man vergleiche die von einer ganzen Schar zweihändiger Knechte bedienten Vollblutpferde in den Ställen eines Rothschild oder Hohenlohe mit den schwerfälligen normannischen oder pommerischen Gäulen, welche das Land beackern, den Mistwagen ziehen und die Ernte einfahren müssen! Man betrachte den stolzen Wilden, wenn ihn die Missionare des Handels und die

Handlungsreisenden in Glaubensartikeln noch nicht durch Christentum, Syphilis und das Dogma von der Arbeit korrumpiert haben, und dann vergleiche man mit ihnen unsere abgerackerten Maschinensklaven!

Will man in unserem zivilisierten Europa noch eine Spur der ursprünglichen Schönheit des Menschen finden, so muß man zu den Nationen gehen, bei denen das ökonomische Vorurteil den Haß wider die Arbeit noch nicht ausgerottet hat. Spanien, das jetzt allerdings auch aus der Art schlägt, darf sich noch rühmen, weniger Fabriken zu besitzen als wir Gefängnisse und Kasernen; aber des Künstlers Auge weilt bewundernd auf dem kühnen, kastanienbraunen, gleich Stahl elastischen Andalusier; und unser Herz schlägt höher, wenn wir den in seiner durchlöcherten *Capa* drapierten Bettler einen Herzog von Ossuna mit *amigo* traktieren hören. Für den Spanier, in dem das ursprüngliche Tier noch nicht ertötet ist, ist die Arbeit die schlimmste Sklaverei.

Aus Mangel an Ruhe läuft unsere Zivilisation in eine neue Barbarei aus. Zu keiner Zeit haben die Tätigen, das heißt die Ruhelosen, mehr gegolten. Es gehört deshalb zu den notwendigen Korrekturen, welche man am Charakter der Menschheit vornehmen muß, das beschauliche Element in großem Maße zu verstärken.

Friedrich Nietzsche, 1844–1900

Auch die Griechen hatten in der Zeit ihrer höchsten Blüte nur Verachtung für die Arbeit; den Sklaven allein war es gestattet, zu arbeiten, der freie Mann kannte nur körperliche Übungen und Spiele des Geistes. Das war die Zeit eines Aristoteles, eines Phidias, eines Aristophanes, die Zeit, da eine Handvoll Tapferer bei Marathon die Horden Asiens vernichtete, welches Alexander bald darauf eroberte. Die Philosophen des Altertums lehrten die Verachtung der Arbeit, dieser Herabwürdigung des freien Mannes; die Dichter besangen

Ich glaube, daß auf der Welt viel zuviel gearbeitet wird und daß unermeßlicher Schaden hervorgerufen wird durch die Überzeugung, Arbeit sei etwas Heiliges und Tugendhaftes.

Bertrand Russell, 1872–1970

Hat man verstanden, sich Ruhe zu erwerben, so hat man mehr getan als derjenige, welcher Städte und Reiche erworben hat.

Michel de Montaigne, 1533–1592

die Faulheit, dieses Geschenk der Götter: *O Melibae, Deus nobis haec otia fecit* (O Melibäus, ein Gott schenkte uns diesen Müßiggang)! singt Vergil. Christus lehrt in der Bergpredigt die Faulheit: »Sehet die Lilien auf dem Felde, wie sie wachsen; sie arbeiten nicht, auch spinnen sie nicht, und doch sage ich Euch, daß Salomo in all seiner Pracht nicht herrlicher gekleidet war« (Matthäi 6, 28 und 29). Jehova, der bärtige und sauertöpfische Gott, gibt seinen Verehrern das erhabenste Beispiel idealer Faulheit: Nach sechs Tagen Arbeit ruht er auf alle Ewigkeit aus [...]

Welches sind in unserer Gesellschaft die Klassen, welche die Arbeit um der Arbeit willen lieben? Die Kleinbauern und Kleinbürger, welche, die einen auf ihren Acker gebückt, die andern in ihren Boutiquen vergraben, dem Maulwurf gleichen, der in seiner Höhle herumwühlt, und sich nie aufrichten, um mit Muße die Natur zu betrachten. Und auch das Proletariat, die große Klasse der Produzenten aller zivilisierten Nationen, die Klasse, die durch ihre Emanzipation die Menschheit von der knechtischen Arbeit erlösen und aus dem menschlichen Tier ein freies Wesen machen wird, auch das Proletariat hat sich, seinen historischen Beruf verkennend, von dem Dogma der Arbeit verführen lassen. Hart und schrecklich war seine Züchtigung. Alles individuelle und soziale Elend entstammt seiner Leidenschaft für die Arbeit [...]

Die modernen Werkstätten sind ideale Zuchthäuser geworden, in welche man die Arbeitermassen einsperrt und in denen man nicht nur die Männer, sondern auch die Frauen und Kinder zu zwölf- und vierzehnstündiger Zwangsarbeit verdammt! Und die Nachkommen der Schreckenshelden haben sich durch die Religion der Arbeit so weit degradieren lassen, daß sie 1848 das Gesetz, welches die Arbeit in den Fabriken auf zwölf Stunden täglich beschränkte, als eine revolutionäre Errungenschaft entgegennahmen; sie proklamierten des *Recht auf Arbeit* als ein revolutionäres Prinzip. Schande über das französische Proletariat! Sklaven nur sind einer solchen Erniedrigung fähig. 20 Jahre kapitalistischer Zivilisation müßte man aufwenden, um einem Griechen der heroischen Zeit eine solche Entwürdigung begreiflich zu machen!

Wenn die Arbeiterklasse sich das Laster, welches sie beherrscht und ihre Natur herabwürdigt, gründlich aus dem Kopf schlagen und sich in ihrer furchtbaren Kraft erheben wird, nicht um die famosen *Menschenrechte* zu verlangen, die nur die Rechte der kapitalistischen Ausbeutung sind, nicht um das *Recht auf Arbeit* zu fordern, das nur das Recht auf Elend ist, sondern um ein ehernes Gesetz zu schmieden, das jedermann verbietet, mehr als drei Stunden pro Tag zu arbeiten, so wird die alte Erde, zitternd vor Wonne, in ihrem Inneren eine neue Welt sich regen fühlen [...]

> Die Arbeit ist etwas Unnatürliches. Die Faulheit allein ist göttlich.
>
> *Anatole France 1844–1924*

O Faulheit, erbarme Du Dich des unendlichen Elends! O Faulheit, Mutter der Künste und der edlen Tugenden, sei Du der Balsam für die Schmerzen der Menschheit!

Unentbehrlich

Wilhelm Busch, 1832–1908

Wirklich, er war unentbehrlich!
Überall, wo was geschah
Zu dem Wohle der Gemeinde,
Er war tätig, er war da.

Schützenfest, Kasinobälle,
Pferderennen, Preisgericht,
Liedertafel, Spritzenprobe,
Ohne ihn, da ging es nicht.

Ohne ihn war nichts zu machen,
Keine Stunde hatt' er frei.
Gestern, als sie ihn begruben,
War er richtig auch dabei.

Die Kunst des Müßiggangs

Hermann Hesse, 1877–1962

Je mehr auch die geistige Arbeit sich dem traditions- und geschmacklosen, gewaltsamen Industriebetrieb assimilierte und je eifriger Wissenschaft und Schule bemüht waren, uns der Freiheit und Persönlichkeit zu berauben und uns von Kindesbeinen an den Zustand eines gezwungenen, atemlosen Angestrengtseins als Ideal einzutrichtern, desto mehr ist neben manchen anderen altmodischen Künsten auch die des Müßigganges in Verfall und außer Kredit und Übung geraten. Nicht als ob wir jemals eine Meisterschaft darin besessen hätten! Das zur Kunst ausgebildete Trägsein ist im Abendlande zu allen Zeiten nur von harmlosen Dilettanten betrieben worden.

Desto wunderlicher ist es, daß in unseren Tagen, wo doch so viele sich mit sehnsüchtigen Blicken gen Osten wenden und sich mühsam genug ein wenig Freude aus Schiras und Bagdad, ein wenig Kultur und Tradition aus Indien und ein wenig Ernst und Vertiefung aus den Heiligtümern Buddhas aneignen, nur selten einer zum Nächstliegenden greift und sich et-

Der Langsamste, der sein Ziel nicht aus den Augen verliert, geht noch immer geschwinder als jener, der ohne Ziel umherirrt.

Gotthold Ephraim Lessing, 1729–1781

was von jenem Zauber zu erobern sucht, den wir beim Lesen orientalischer Geschichtenbücher uns aus brunnengekühlten maurischen Palasthöfen entgegenwehen spüren [...]

Der Hintergrund jener morgenländischen Kunst, der uns mit so großem Zauber fesselt, ist einfach die orientalische Trägheit, das heißt der zu einer Kunst entwickelte, mit Geschmack beherrschte und genossene Müßiggang. Der arabische Geschichtenerzähler hat, wenn er am spannendsten Punkt seines Märchens steht, immer noch reichlich Zeit, ein königliches Purpurzelt, eine mit Edelsteinen behängte gestickte Satteldecke, die Tugenden eines Derwisches oder die Vollkommenheiten eines wahrhaft Weisen bis in alle Einzelheiten und Kleinigkeiten zu schildern. Ehe er seinen Prinzen oder seine Prinzessin ein Wort sagen läßt, beschreibt er uns Zug für Zug das Rot und den Linienschwung ihrer Lippen, den Glanz und die Form ihrer schönen weißen Zähne, den Reiz des kühn flammenden oder des schämig gesenkten Blickes und die Geste der gepflegten Hand, deren Weiße untadelhaft ist und an welcher die opalisierenden, rosigen Fingernägel mit dem Glanze kleinodbesetzter Ringe wetteifern. Und der Zuhörer unterbricht ihn nicht, er kennt keine Ungeduld und moderne Lesergefräßigkeit, er hört die Eigenschaften eines greisen Einsiedlers mit demselben Eifer und Genusse schildern wie die Liebesfreuden eines Jünglings oder den Selbstmord eines in Ungnade gefallenen Wesirs.

Die Leute, die niemals Zeit haben, tun am wenigsten.

Georg Christoph Lichtenberg, 1742–1799

Ich habe keine Zeit zu hetzen.

Henry David Thoreau, 1817–1862

Wir haben beim Lesen beständig das sehnsüchtig neidische Gefühl: Diese Leute haben Zeit! Massen von Zeit! Sie können einen Tag und eine Nacht darauf verwenden, ein neues Gleichnis für die Schönheit einer Schönen oder für die Niedertracht eines Bösewichts zu ersinnen! Und die

Zuhörer legen sich, wenn eine um Mittag begonnene Geschichte am Abend erst zur Hälfte erzählt ist, ruhig nieder, verrichten ihr Gebet und suchen mit Dank gegen Allah den Schlummer, denn morgen ist wieder ein Tag. Sie sind Millionäre an Zeit, sie schöpfen wie aus einem bodenlosen Brunnen, wobei es auf den Verlust einer Stunde und eines Tages und einer Woche nicht groß ankommt. Und während wir jene unendlichen, ineinander verflochtenen, seltsamen Fabeln und Geschichten lesen, werden wir selber merkwürdig geduldig und wünschen kein Ende herbei, denn wir sind für Augenblicke dem großen Zauber verfallen – die Gottheit des Müßiggangs hat uns mit ihrem wundertätigen Stabe berührt.

Man genießt die Natur auf keine andere Weise so schön als bei dem langsamen, zwecklosen Gehen. Denn das gehört namentlich zum Begriff selbst des Spazierengehens, daß man keinen ernsthaften Zweck damit verbindet. Seele und Körper müssen in vollkommener und ungehemmter Freiheit bleiben, man muß kaum einen Grund haben, auf die eine oder die andere Seite zu gehen.

Wilhelm von Humboldt, 1767–1835

Bei gar vielen von jenen Unzähligen, welche neuerdings wieder so müde und gläubig an die heimatliche Wiege der Menschheit und Kultur zurückpilgern und sich zu Füßen des großen Konfuzius und des großen Lao-tse niederlassen, ist es einfach eine tiefe Sehnsucht nach jenem göttlichen Müßiggang, die sie treibt. Was ist der sorgenlösende Zauber des Bacchus und die süße, schläfernde Wollust des Haschisch gegen die abgrundtiefe Rast des Weltflüchtigen, der auf dem Grat eines Gebirges sitzend den Kreislauf seines Schattens beobachtet und seine lauschende Seele an den stetigen, leisen, berauschenden Rhythmus der vorüberkreisenden Sonnen und Monde verliert? Bei uns, im armen Abendland, haben wir die Zeit in kleine und kleinste Teile zerrissen, deren jeder noch den Wert einer Münze hat; dort aber fließt sie noch immer unzerstückt in stetig flutender Woge, dem Durst einer Welt genügend, unerschöpflich wie das Salz des Meeres und das Licht der Gestirne.

Banalität und Verklärung

E. M. Cioran, 1911–1995

Die Menschen arbeiten gemeinhin allzuviel, um noch sie selbst zu sein. Die Arbeit ist ein Fluch. Doch der Mensch hat diesen Fluch in eine Wollust umgemünzt. Aus allen Kräften und nur um der Arbeit willen arbeiten, sich an der Anstrengung laben, die unweigerlich zu belanglosen Errungenschaften führt, sich vorstellen, daß man sich nur durch objektive und unausgesetzte Arbeit verwirklichen kann, darin liegt das Empörende und Unbegreifliche. Die beharrliche und ununterbrochene Arbeit verblödet, trivialisiert und entpersönlicht [...]

Was nützen dir
Liebe, Glück, Bildung, Reichtum,
wenn du dir nicht die
Zeit nimmst,
sie in Muße
zu genießen?

Emilie von Gleichen-Rußwurm, 1804–1872

Um die moderne Welt zum Leben wachzurütteln, muß das Lob der Faulheit angestimmt werden, jener Faulenzerei, die innerliche Gelassenheit und ein alles duldendes Lächeln durchtränken. Ein Müßiggänger hat unendlich mehr Sinn für Metaphysik als der Betriebsame. Es kann jedoch mitunter vorkommen, daß der Müßiggang genauso wie die Anstrengung ein Anzeichen von Imbezillität ist. Deshalb kann das wahre Lob nur der Verklärung gelten.

Die Kunst der Entschleunigung

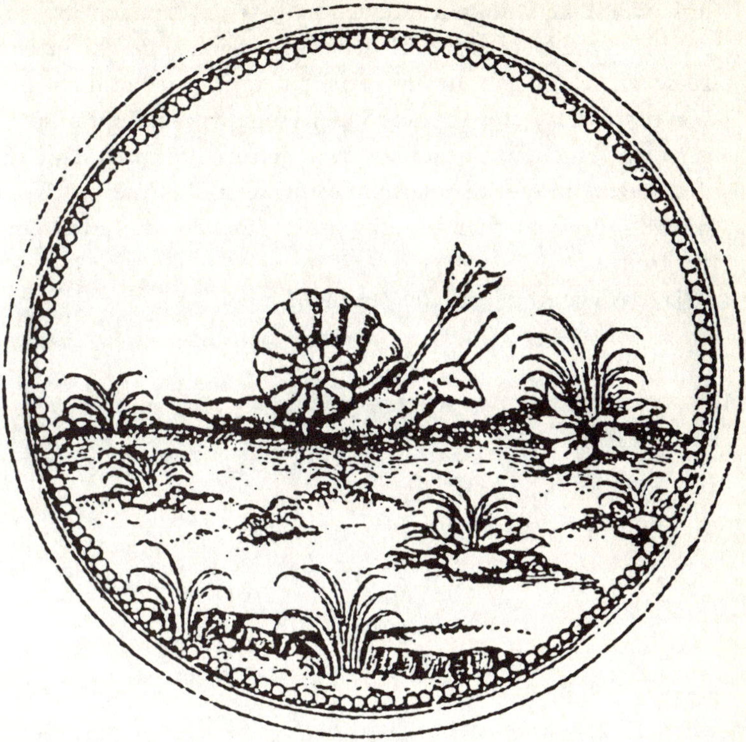

Schnecke, vom Pfeil durchbohrt, weil sie sich zu schnell aus ihrem Haus wagte, aus: Symbolorum et Emblematum ... von Joachim Camararius, 1605.

Glückliche Stunden

Theodor Fontane, 1819–1898

Die beste Wärterin der Natur ist Ruhe.

William Shakespeare, 1564–1616

Eingebettet in die Seegraskissen, hielt mein Vater, der unter seinen vielen Prachteigenschaften auch die eines tüchtigen Schläfers hatte, seine Nachmittagsruhe, wobei er die Zeit nie ängstlich bemaß und sich oft erhob, wenn die Dunkelstunde schon da war: »Papa schläft wieder bis in die Nacht hinein!« Ich wurde dann abgeschickt, ihn zu wecken, was ich immer gerne tat, weil er dabei nicht nur von besonders guter Laune, sondern sogar von einer ihm sonst gar nicht eigenen Zärtlichkeit war. Ich mußte mich dann zu ihm setzen, und er plauderte mit mir, weit über meinen Kopf hinweg, über allerhand merkwürdige Sachen, die mich entzückten.

Ja, das waren glückliche Stunden!

Morgens um acht

Kurt Tucholsky, 1890–1935

Für die Arbeit ist der Mensch auf der Welt, für die ernste Arbeit, die den ganzen Mann ausfüllt. Ob sie einen Sinn hat, ob sie schadet oder nützt, ob sie Vergnügen macht [...] –: Das ist alles ganz gleich. Es muß eine Arbeit sein. Und man muß morgens hingehen können. Sonst hat das Leben keinen Zweck.

Und stockt einmal der ganze Betrieb, streiken die Eisenbahner oder ist gar Feiertag: Dann sitzen sie herum und wissen nicht recht, was sie mit sich anfangen sollen. Drin ist nichts in ihnen, und draußen ist auch nichts: Also was soll es? Es soll wohl gar nichts ...

Und dann laufen sie umher wie Schüler, denen versehentlich eine Stunde ausgefallen ist – nach Hause gehen kann man nicht, und zum Spaßen ist man nicht aufgelegt [...] Sie dösen und warten. Auf den nächsten Arbeitstag. Daran, unter anderem, ist die deutsche Revolution gescheitert: Sie hatten keine Zeit, Revolution zu machen, denn sie gingen ins Geschäft.

Blauer Montag

Er wurde im Spätmittelalter von Handwerksgesellen als arbeitsfreier Tag erstritten und in zum Teil heftigen Auseinandersetzungen mit den Zunftmeistern und der staatlichen Obrigkeit, auch der Kirche, über Jahrhunderte verteidigt. Ursache war, daß an allen Wochentagen bis zu vierzehn Stunden gearbeitet werden mußte; frei – und dies noch relativiert durch umfängliche gottesdienstliche Pflichten – waren nur die Sonn- und die alljährlich rund 100 Feiertage, doch hatten an ihnen alle weltlichen Geschäftigkeiten zu ruhen. So blieb kein Raum für Gesellenversammlungen oder »Behördengänge«, auch nicht für den Besuch beispielsweise der zahlreichen Volksfeste und -belustigungen oder (damals nicht nur von hygienischer, sondern auch sozialer Wertigkeit) der öffentlichen Badehäuser. Dagegen setzten sich die Betroffenen mit dem zum Gewohnheitsrecht erhobenen Anspruch zur Wehr: »Am siebten Tage sollst du ruh'n, am achten mußt du gar nichts tun!«

Wie der solchermaßen entstandene »Blaue Montag« zu seinem Namen kam, darüber gibt es die verschiedenartigsten Deutungen. So hieß »Blaumontag« im kirchlichen Mittelalter der letzte Montag der Fastnachtszeit, an dem die Gotteshäuser mit blauem Tuch ausgeschlagen wurden. Anders die Herleitung aus dem Tuchmachergewerbe: Jeweils sonntags blieben die zu tönenden Stoffe in einem mit der Blaufärbepflanze Waid versetzten Bad und mußten montags an der Luft trocknen, so daß die Gesellen »blaumachen« konnten. Auch die Ableitung von »bleuen« (schlagen) ist nicht von der Hand (Faust!) zu weisen, kam es doch oft an solchen arbeitsfreien und meist durchgezechten Montagen zu gewaltsamen Auseinandersetzungen. Fest steht zumindest, daß nicht Trunksucht dem Tag seinen Namen gab, sondern vielmehr dieser in logischer Umkehr den Begriff »blau« als bis heute gebräuchliches Synonym für einen alkoholisierten Zustand und »blaumachen« als ursprüngliche Folge solchen Exzesses prägte.

Der »blaue« oder »gute Montag« hat sich – ständig umkämpft – in weiten Teilen Europas über Jahrhunderte behauptet. Daran vermochten auch immer wieder erneuerte landesherrliche Verbote (in Sachsen bereits 1520) trotz drakonischer Strafandrohungen kaum etwas zu ändern. Weitgehend ergebnislos verpuffte beispielsweise auch die an die Einwohner Berlins gerichtete, in drastische Worte gefaßte Verordnung des brandenburgischen Kurfürsten Georg Wilhelm von 1636:

»Wir setzen, ordnen und wollen auch, daß von nun an den Handwerksgesellen in keinerlei Wege gestattet werden soll, guten Montag, wie sie ihn, aber sehr übel, zu nennen pflegen, zu machen und sich auf demselben des Müßiggangs und Zechens zu befleißigen; sondern es soll ein jeder alsdann in seines Meisters Haus verbleiben und seine Arbeit, wozu er bestellt, mit ebensolchem Fleiß, wie auf anderen Tagen geschieht, abwarten. Andere gewöhnliche und ehrliche Zusammenkünfte aber können Wir ihnen wohl gönnen, nur daß sie bei denselben gute Bescheidenheit gebrauchen, Ordnung halten und keinen Überfluß in Fressen und Saufen vorgehen lassen.« – Noch fast ein volles Jahrhundert später (1733) sah sich der preußische König Friedrich Wilhelm I. genötigt, nochmals nachdrücklichst zu fordern, die »bishero eingeschlichene böse Gewohnheit, daß die Handwerksgesellen gemeiniglich des Montags und sonst außer den ordentlichen Sonn- und Festtagen sich der Arbeit eigenmächtig entziehen und müßiggehen, gänzlich abgeschafft [zu] wissen«.

Erst mit der Industrialisierung im 18. / 19. Jahrhundert und dem Niedergang des Zunfthandwerks endete die langlebige Tradition des »Blauen Montags« unter dem massiven materiellen Druck der frühkapitalistischen Unternehmer.

Der Kleine Prinz

Antoine de Saint-Exupéry, 1900–1944

»Guten Tag«, sagte der kleine Prinz.

»Guten Tag«, sagte der Händler.

Er handelte mit höchst wirksamen, durststillenden Pillen. Man schluckt jede Woche eine und spürt überhaupt kein Bedürfnis mehr zu trinken.

»Warum verkaufst du das?«, sagte der kleine Prinz.

»Das ist eine große Zeitersparnis«, sagte der Händler. »Die Sachverständigen haben Berechnungen angestellt. Man erspart dreiundfünfzig Minuten in der Woche.«

»Und was macht man mit diesen dreiundfünfzig Minuten?«

»Man macht damit, was man will ...«

»Wenn ich dreiundfünfzig Minuten übrig hätte«, sagte der kleine Prinz, »würde ich ganz gemächlich zu einem Brunnen laufen ...«

Anekdote zur Senkung der Arbeitsmoral

Heinrich Böll, 1917–1985

In einem Hafen an einer westlichen Küste Europas liegt ein ärmlich gekleideter Mann in seinem Fischerboot und döst. Ein schick angezogener Tourist legt eben einen neuen Farbfilm in seinen Fotoapparat, um das idyllische Bild zu fotografieren; blauer Himmel, grüne See mit friedlichen, schneeweißen Wellenkämmen, schwarzes Boot, rote Fischermütze. Klick. Noch einmal: klick, und da aller guten Dinge drei sind und sicher sicher ist, ein drittes Mal: klick. Das spröde, fast feindselige Geräusch weckt den dösenden Fischer, der sich schläfrig aufrichtet, schläfrig nach seiner Zigarettenschachtel angelt. Aber bevor er das Gesuchte gefunden, hat ihm der eifrige Tourist schon eine Schachtel vor die Nase gehalten, ihm die Zigarette nicht gerade in den Mund gesteckt, aber in die Hand gelegt, und ein viertes Klick, das des Feuerzeuges, schließt die eilfertige Höflichkeit ab. Durch jenes kaum meßbare, nie nachweisbare Zuviel an flinker Höflichkeit ist eine gereizte Verlegenheit entstanden, die der Tourist – der Landessprache mächtig – durch ein Gespräch zu überbrücken versucht.

»Sie werden heute einen guten Fang machen.«

Kopfschütteln des Fischers. »Aber man hat mir gesagt, daß das Wetter günstig ist.« Kopfnicken des Fischers.

»Sie werden also nicht ausfahren?«

Kopfschütteln des Fischers, steigende Nervosität des Touristen. Gewiß liegt ihm das Wohl des ärmlich gekleideten Menschen am Herzen, nagt an ihm die Trauer über die verpaßte Gelegenheit. »Oh? Sie fühlen sich nicht wohl?« Endlich geht der Fischer von der Zeichensprache zum wahrhaft gesprochenen Wort über.

Die Siesta ist die Meditation des Abendlandes.

Jack Chaboud, geb. 1943

»Ich fühle mich großartig«, sagt er. »Ich habe mich nie besser gefühlt.«

Er steht auf, reckt sich, als wollte er demonstrieren, wie athletisch er gebaut ist. »Ich fühle mich phantastisch.«

Der Gesichtsausdruck des Touristen wird immer unglücklicher, er kann die Frage nicht mehr unterdrücken, die ihm sozusagen das Herz zu sprengen droht: »Aber warum fahren Sie dann nicht aus?«

Die Antwort kommt prompt und knapp: »Weil ich heute morgen schon ausgefahren bin.«

»War der Fang gut?«

»Er war so gut, daß ich nicht noch einmal auszufahren brauche, ich habe vier

Erquicklich ist die Mittagsruh, / nur kommt man oftmals nicht dazu.

Wilhelm Busch, 1832–1908

Hummer in meinen Körben gehabt, fast zwei Dutzend Makrelen gefangen.«

Der Fischer, endlich erwacht, taut jetzt auf und klopft dem Touristen beruhigend auf die Schultern. Dessen besorgter Gesichtsausdruck erscheint ihm als ein Ausdruck zwar unangebrachter, doch rührender Kümmernis.

»Ich habe sogar für morgen und übermorgen genug«, sagt er, um des Fremden Seele zu erleichtern. »Rauchen Sie eine von meinen?«

»Ja, danke.«

Zigaretten werden in Münder gesteckt, ein fünftes Klick, der Fremde setzt sich kopfschüttelnd auf den Bootsrand, legt die Kamera aus der Hand, denn er braucht jetzt beide Hände, um seiner Rede Nachdruck zu verleihen.

»Ich will mich ja nicht in Ihre persönlichen Angelegenheiten mischen«, sagt er, »aber stellen Sie sich mal vor, Sie führen heute ein zweites, ein drittes, vielleicht sogar ein viertes Mal aus, und Sie würden drei, vier, fünf, vielleicht gar zehn Dutzende Makrelen fangen. Stellen Sie sich das mal vor!«

Bei den meisten Menschen ist die Ruhe nichts als Erstarrung und die Bewegung nichts als Raserei.

Epikuros, 341–271 v. Chr.

Der Fischer nickt.

»Sie würden«, fährt der Tourist fort, »nicht nur heute, sondern morgen, übermorgen, ja, an jedem günstigen Tag zwei-, dreimal, vielleicht viermal ausfahren – wissen Sie, was geschehen würde?«

Der Fischer schüttelt den Kopf.

»Sie würden sich in spätestens einem Jahr einen Motor kaufen können, in zwei Jahren ein kleines Boot, in drei oder vier Jahren könnten Sie vielleicht einen kleinen Kutter haben, Sie würden ...«, die Begeisterung verschlägt ihm für ein paar Augenblicke die Stimme, »Sie würden ein kleines Kühlhaus bauen, vielleicht eine Räucherei, später eine Marinadenfabrik,

Zen-Buddhismus

Anfang des 6. Jahrhunderts aus Indien nach China, im 12. / 13. Jahrhundert auch nach Japan eingeführte pragmatische Form des Buddhismus, die sich im Gegensatz zur intellektuellen indischen Erlösungslehre nicht auf das weltabgewandte Studium der Heiligen Schriften konzentriert, sondern die Erleuchtung im alltäglichen Diesseits sucht, indem sie ihre Anhänger zu einer auf Meditation (japanisch Zen) und individuelles Bemühen ausgerichteten Lebensführung anleitet. Das Bestreben des Zen-Buddhismus, die Menschen ihr eigenes Wesen erkennen zu lassen und sie mittels des Zazens, des Nicht-Denkens, einer radikalen geistigen Entschlackung vom alltäglichen Reizüberfluß zu befähigen, hat in jüngster Zeit zu einer verstärkten Verbreitung der Lehre im außerasiatischen Raum geführt und weist ihr einen festen Platz in den alternativen Lebensweisen zu.

mit einem eigenen Hubschrauber rundfliegen, die Fischschwärme ausmachen und Ihren Kuttern per Funk Anweisung geben. Sie könnten die Lachsrechte erwerben, ein Fischrestaurant eröffnen, den Hummer ohne Zwischenhändler direkt nach Paris exportieren – und dann ...« – wieder verschlägt die Begeisterung dem Fremden die Sprache. Kopfschüttelnd, im tiefsten Herzen betrübt, seiner Urlaubsfreude schon fast verlustig, blickt er auf die friedlich hereinrollende Flut, in der die ungefangenen Fische munter springen. »Und dann«, sagt er, aber wieder verschlägt ihm die Erregung die Sprache.

Der Fischer klopft ihm auf den Rücken wie einem Kind, das sich verschluckt hat. »Was dann?«, fragt er leise.

»Dann«, sagt der Fremde mit stiller Begeisterung, »dann können Sie beruhigt hier im Hafen sitzen, in der Sonne dösen – und auf das herrliche Meer blicken.«

»Aber das tu ich ja schon jetzt«, sagt der Fischer, »ich sitze beruhigt am Hafen und döse, nur Ihr Klicken hat mich dabei gestört.«

Tatsächlich zog der solcherlei belehrte Tourist nachdenklich von dannen, denn früher hatte er auch einmal geglaubt, er arbeite, um eines Tages einmal nicht mehr arbeiten zu müssen, und es blieb keine Spur von Mitleid mit dem ärmlich gekleideten Fischer in ihm zurück, nur ein wenig Neid.

Verschiebe nichts auf morgen, was ebensogut auf übermorgen verschoben werden kann.

Mark Twain, 1835–1910

Träumen

Robert Walser, 1878–1956

Es gab einmal eine Welt, wo alles ganz langsam zuging. Eine angenehme, und ich möchte sagen, gesunde Trägheit beherrschte das Menschenleben. Die Menschen gingen gewissermaßen müßig. Was sie taten, das taten sie nachdenklich und langsam. Sie taten nicht so unmenschlich viel, fühlten sich auf keine Weise bewogen oder verpflichtet, sich aufzureiben und abzuarbeiten. Hast und Unruhe oder übermäßige Eilfertigkeit gab es unter diesen Menschen keine. Niemand strengte sich sonderlich an, und eben darum war das Leben so freundlich. Wer hart arbeiten muß oder überhaupt in einem hohen Grade tätig ist, der ist für die Freude verdorben, der macht ein mürrisches Gesicht, und alles, was er denkt, ist einfach und traurig. Müßiggang sei aller Laster Anfang, sagt ein altes abgegriffenes Sprichwort. Die Menschen, von denen hier die Rede ist, machten den Sinn dieses etwas vorlauten Sprichwortes in keiner Hinsicht wahr, im Gegenteil, sie widerlegten es und entkleideten es jeglicher Bedeutung. Indem sie es sich wohl sein ließen auf einer harmlosen und zutraulichen Erde, genossen sie still ihr Sein in traumhaft schöner Ruhe, und dem Laster blieben sie insoweit gänzlich fern, als ihnen gar kein Gedanke darnach kam.

Um ruhig zu sein, muß der Mensch nicht denken, sondern träumen.

Johann Jakob Engel, 1741–1802

Nonnen

Eine in jüngster Zeit ausgewertete extreme Langzeitstudie amerikanischer Forscher, die vor 50 Jahren handgeschriebene Biographien von 180 katholischen Nonnen analysierte, erbrachte das Ergebnis, daß eine optimistische Grundeinstellung das menschliche Leben um mehr als ein volles Jahrzehnt zu verlängern vermag. Je zufriedener und ausgeglichener sich die Ordensschwestern in ihren Aufzeichnungen über das Dasein in der Stille äußerten, um so höher war ihre Lebenserwartung – heute sind die ältesten weit über 90 Jahre alt.

Die verlorene Zeit

Jacques Prévert, 1900–1977

Vor dem Tor zur Fabrik
Hält der Arbeiter plötzlich an.
Das schöne Wetter hat ihn am Rock gezupft.
Und als er sich umwendet
Und die Sonne betrachtet,
Die rot leuchtet und blendet,
Lächelnd im bleigrauen Himmel,
Zwinkert er ihr vertraulich zu:
Sag, Kamerad Sonne,
Meinst nicht auch du,
Man sollte sich verdammt bedenken,
Einen solchen Tag
Dem Chef zu schenken?

Ein wahrhaft göttliches Leben

Søren Aabye Kierkegaard, 1813–1855

Müßiggang, pflegt man zu sagen, ist aller Laster Anfang. Um dem Laster zu wehren, empfiehlt man die Arbeit. Es ist indessen [...] leicht ersichtlich, daß die ganze Betrachtung von sehr plebejischer Extraktion ist. Müßiggang als solcher ist keineswegs des Lasters Anfang, im Gegenteil, er ist ein wahrhaft göttliches Leben, wenn man sich nicht langweilt. Freilich, Müßiggang kann den Anlaß geben, daß man sein Vermögen verliert usw., doch die adlige Natur fürchtet dergleichen nicht, wohl aber die Langeweile. Die olympischen Götter langweilten sich nicht; sie lebten glücklich in glücklichem Müßiggang. Eine weibliche Schönheit, die weder näht noch spinnt noch bügelt noch liest noch musiziert, ist glücklich im

Eulenspiegelei

Till Eulenspiegel, der liebenswerte Volksnarr, der als historische Figur um 1300 bis 1350 gelebt haben soll, foppte seine Umwelt mit mancherlei tiefsinnigen Spitzfindigkeiten; so auch in folgender Geschichte:

Als Till Eulenspiegel eines Tages mit einem Bündel Habseligkeiten zu Fuß zur nächsten Stadt wanderte, überholte ihn eine recht schnell fahrende Kutsche. Der Kutscher, der es sehr eilig zu haben schien, rief: »Wie weit ist es bis zur nächsten Stadt?«

»Wenn Ihr langsam fahrt, eine halbe Stunde – wenn Ihr schnell fahrt, einen halben Tag, mein Herr!«, antwortete Till Eulenspiegel.

»Du Narr!«, schimpfte der Kutscher, griff zur Peitsche und trieb die Pferde noch heftiger an, und die Kutsche fuhr mit erhöhtem Tempo weiter.

Till Eulenspiegel ging seines Weges daher. Die Straße hatte viele Schlaglöcher. Eine Stunde später fand er eine Kutsche, die offenbar mit einem Schaden im Straßengraben lag. Die Vorderachse war gebrochen und der Kutscher fluchend damit beschäftigt, diese zu reparieren.

Der Kutscher blickte Till Eulenspiegel vorwurfsvoll an, worauf dieser nur anmerkte: »Ich sagte Euch doch: Wenn Ihr langsam fahrt, eine halbe Stunde ...«

Müßiggang; denn sie langweilt sich nicht, Müßiggang ist also so wenig aller Laster Anfang, daß er vielmehr das wahre Gute ist.

Es gibt eine unermüdliche Tätigkeit, die einen Menschen aus der Welt des Geistes ausschließt und ihn in eine Klasse mit den Tieren setzt, die instinktiv immer in Bewegung sein müssen. Es gibt Menschen, die eine außerordentliche Gabe besitzen, alles in ein Geschäft zu verwandeln, deren ganzes Leben ein Geschäft ist, die sich verlieben und heiraten, einen Witz anhören und ein Kunststück bewundern mit dem gleichen Geschäftseifer, mit dem sie im Kontor arbeiten. Das lateinische Sprichwort *otium est pulvinar diaboli* (Muße ist der Polstersitz des Teufels) ist durchaus zutreffend; aber der Teufel hat gar keine Zeit, seinen Kopf auf dieses Kissen zu legen, wenn man sich nicht langweilt.

In der Ruhe liegt die Kraft

Schnecke vor ihrer Höhle,
aus: Hecatongraphie von Gilles Corrozet, 1543

Muße

Epikuros, 341–271 v. Chr.

Wir sind ein einziges Mal geboren; zweimal geboren zu werden ist nicht möglich; eine ganze Ewigkeit hindurch werden wir nicht mehr sein dürfen. Und da schiebst du das, was Freude macht, auf, obwohl du nicht einmal Herr bist über das Morgen? Über dem Aufschieben schwindet das Leben dahin, und so mancher von uns stirbt, ohne sich jemals Muße gegönnt zu haben.

Das Glück der Ruhe

Blaise Pascal, 1623–1662

Wenn ich es mitunter unternommen habe, die mannigfaltige Unruhe der Menschen zu betrachten, sowohl die Gefahren wie die Mühsale, denen sie sich, sei es bei Hofe oder im Krieg, aussetzen, so habe ich oft gesagt, daß alles Unglück der Menschen *einem* entstammt, nämlich daß sie unfähig sind, in Ruhe allein in ihrem Zimmer bleiben zu können [...] Sie haben einen geheimen Trieb, der sie treibt, außer Haus Zerstreuung und Beschäftigung zu suchen, was der Mahnung ihres währenden Elends entstammt; und sie haben einen anderen geheimen Trieb, der von der Größe unserer ersten Natur verblieb, der sie ahnen läßt, daß das Glück in Wirklichkeit in der Ruhe und nicht im Lärm des Umtriebs liegt; und aus diesen beiden gegensätzlichen Trieben bilden sie einen verworrenen Plan, der sich im Unterbewußten ihrer Seele verbirgt und der sie dazu bringt, die Ruhe durch die Unruhe zu suchen und sich dabei im-

> Wer seine Tätigkeit einschränkt, erlangt Weisheit.
>
> *Salomo, 965–926 v. Chr.*

> Wer ruhig leben will, soll nicht vielerlei treiben, weder im eigenen noch im Staatswesen.
>
> *Demokritos, um 460 bis um 370 v. Chr.*

mer einzubilden, daß sie das Glück, das sie nicht haben, haben würden, sobald sie etliche Schwierigkeiten, die sie gerade vor sich sehen, überwunden hätten, und daß sie dann die Tür zu einem geruhsamen Leben öffnen könnten. So verrinnt das ganze Leben.

Die Muße

Friedrich Hölderlin, 1770–1843

Sorglos schlummert die Brust, und es ruh'n die strengen Gedanken.
Auf die Wiese geh ich hinaus, wo das Gras aus der Wurzel
Frisch, wie die Quelle, mir keimt, wo die liebliche Lippe der Blume
Mir sich öffnet und stumm mit süßem Othem mich anhaucht
Und an tausend Zweigen des Hains, wie an brennenden Kerzen,
Mir das Flämmchen des Lebens glänzt, die rötliche Blüte,
Wo im sonnigen Quell die zufriednen Fische sich regen,
Wo die Schwalbe das Nest mit den törigen Jungen umflattert,
Und die Schmetterlinge sich freun und die Bienen, da wandl ich
Mitten in ihrer Lust; ich steh im friedlichen Felde
Wie ein liebender Ulmbaum da, und wie Reben und Trauben
Schlingen sich rund um mich die süßen Spiele des Lebens.

Oder schau' ich hinauf zum Berge, der mit Gewölken
Sich die Scheitel umkränzt und die düstern Locken im Winde
Schüttelt, und wenn er mich trägt auf seiner kräftigen Schulter,
Wenn die leichtere Luft mir alle Sinne bezaubert
Und das unendliche Tal, wie eine farbige Wolke,
Unter mir liegt, da werd ich zum Adler, und ledig des Bodens
Wechselt mein Leben im All der Natur wie Nomaden den Wohnort.
Und nun führt mich der Pfad zurück ins Leben der Menschen,
Fernher dämmert die Stadt, wie eine eherne Rüstung

Das Dasein ist köstlich, man muß nur den Mut haben, sein eigenes Leben zu führen.

Giovanni Giacomo Casanova, 1725–1798

Gegen die Macht des Gewittergotts und der Menschen geschmiedet,
Majestätisch herauf, und ringsum ruhen die Dörfchen;
Und die Dächer umhüllt, vom Abendlichte gerötet,
Freundlich der häusliche Rauch; es ruhn die sorglich umzäunten
Gärten, es schlummert der Pflug auf den gesonderten Feldern.

Wer in sich selber Frieden hat, schafft weder sich noch anderen Unruh.

Epikuros, 341–271 v. Chr.

Aber ins Mondlicht steigen herauf die zerbrochenen Säulen
Und die Tempeltore, die einst der Furchtbare traf, der geheime
Geist der Unruh, der in der Brust der Erd und der Menschen
Zürnet und gärt, der Unbezwungne, der alte Eroberer,
Der die Städte, wie Lämmer, zerreißt, der einst den Olympus
Stürmte, der in den Bergen sich regt, und Flammen herauswirft,
Der die Wälder entwurzelt und durch den Ozean hinfährt
Und die Schiffe zerschlägt und doch in der ewigen Ordnung
Niemals irre dich macht, auf der Tafel deiner Gesetze
Keine Silbe verwischt, der auch dein Sohn, o Natur, ist.
Mit dem Geiste der Ruh aus *einem* Schoße geboren. –

Hab ich zu Hause dann, wo die Bäume das Fenster umsäuseln
Und die Luft mit dem Lichte mir spielt, von menschlichem Leben

Die größte Offenbarung ist die Stille.

Lao-tse, 4./3. Jh. v. Chr.

Ein erzählendes Blatt zu gutem Ende gelesen:
Leben! Leben der Welt! du liegst wie ein heiliger Wald da,
Sprech ich dann, und es nehme die Axt, wer will, dich zu ebnen,
Glücklich wohn ich in dir.

Ein ganz eigner Trieb

Friedrich Daniel Ernst Schleiermacher, 1768–1834

Um den Sinn einigermaßen gegen die Anmaßungen der andern Vermögen zu schützen, ist jedem Menschen ein eigner Trieb eingepflanzt, bisweilen jede andere Tätigkeit ruhen zu lassen und nur alle Organe zu öffnen, um sich von allen Eindrücken durchdringen zu lassen; und durch eine geheime höchstwohltätige Sympathie ist dieser Trieb gerade am stärksten, wenn sich das allgemeine Leben in der eignen Brust und in der umgebenden Welt am vernehmlichsten offenbart; aber daß es ihnen nur nicht vergönnt wäre, diesem Triebe in behaglicher untätiger Ruhe nachzuhängen; denn aus dem Standpunkt des bürgerlichen Lebens ist dies Trägheit und Müßiggang. Absicht und Zweck muß in allem sein, sie müssen immer etwas verrichten, und wenn der Geist nicht mehr dienen kann, mögen sie den Leib üben; Arbeit und Spiel, nur keine ruhige, hingegebene Beschauung. – Die Hauptsache aber ist die, daß sie alles verstehen sollen, und mit dem Verstehen werden sie völlig betrogen um ihren Sinn: Denn so wie jenes betrieben wird, ist es diesem schlechthin entgegengesetzt.

Die höchste Weisheit ist Schweigen.

José Ortega y Gasset, 1883–1956

Sich an Kometenschweife klammern

Henry Miller, 1891–1980

Es gab noch etwas anderes, dem ich aufrichtig vertraute: *Arbeit*. Arbeit, so schien es mir schon in früher Jugend, ist eine dem Dummkopf vorbehaltene Tätigkeit. Sie ist das genaue Gegenteil von Schöpfung, die Spiel ist und eben darum, weil sie keine andere Daseinsberechtigung hat als sich selbst, die stärkste Antriebskraft des Lebens ist. Hat jemals jemand behauptet, Gott habe die Welt geschaffen, damit er selbst Arbeit habe? Durch eine Kette von Umständen, die nichts mit Vernunft oder Verstand zu tun hatten, war ich wie die anderen geworden – ein Arbeitssklave. Ich hatte die trostlose Entschuldigung, durch meine Arbeit Frau und Kind zu erhalten. Daß es eine fadenscheinige Entschuldigung war, wußte ich, denn wenn ich morgen tot umfiele, würden sie irgendwie weiterleben. Warum hörte ich nicht mit allem auf und spielte Ichsein? Der Teil von mir, der sich der Arbeit widmete, der es meiner Frau und meinem Kind ermöglichte, so zu leben, wie sie es gedankenlos verlangten, dieser Teil von mir, der das Rad in Gang hielt, war – eine völlig illusorische, egozentrische Vorstellung! – der unbedeutendste Teil von mir. Ich gab der Welt nichts damit, daß ich meine Funktion als Brotverdiener erfüllte. Die Welt verlangte ihren Tribut von mir, das war alles.

Viele Menschen versäumen das kleine Glück, während sie auf das große vergebens warten.

Pearl S. Buck, 1892–1973

Die Welt würde erst dann etwas Wertvolles von mir erhalten, wenn ich aufhörte, mich als Mitglied der Gesellschaft zu fühlen, und ich *selbst* wurde. Der Staat, die Nation, die vereinigten Nationen der Welt waren nur die Summe der Individuen, die die Fehler ihrer Vorväter wiederholten. Schon bei ihrer Geburt gerieten sie in die Tretmühle und bewegten sie bis zu ihrem Tode – versuchten dieser Versklavung dadurch Würde zu geben, daß sie sie »Leben« nannten. Wenn man jemanden auffordert, zu erklären oder zu definieren, was Leben ist, was Sinn und Ziel des Ganzen sei, so wird einem nur ein leerer Blick zur Antwort. Das Leben war etwas, mit dem sich die Philosophen in Büchern auseinandersetzten, die niemand las. Die mitten im Leben Stehenden, die »alten Klep-

Wahre Stille [...] ist für den Geist, was Schlaf für den Körper ist: Nahrung und Erfrischung.

William Penn, 1644–1718

per in den Sielen«, haben keine Zeit für solche müßigen Fragen [...]

Insgeheim sehnte ich mich danach, mich loszulösen von allen diesen fremden Leben, die sich mit dem Muster meines eigenen verwoben hatten und mein Schicksal zu einem Teil des ihrigen machten. Alle diese sich anhäufenden Erfahrungen, die nur kraft der Trägheit die meinen waren, abzuschütteln, erforderte eine heftige Anstrengung. Hin und wieder wehrte ich mich gegen das Netz und zog daran, aber nur um mich noch mehr darin zu verstricken. Meine Befreiung schien Schmerz und Leid für diejenigen mit sich zu bringen, die mir nahstanden und mir teuer waren. Jede Bewegung, die ich zu meinem eigenen, persönlichen Besten machte, löste Vorwurf und Mißbilligung aus. Ich war ein tausendfacher Verräter. Ich hatte sogar das Recht verloren, krank zu werden – weil »sie« mich brauchten. Es war mir nicht *gestattet*, untätig zu bleiben. Wäre ich gestorben, so hätten sie, glaube ich, meine Leiche zu einem Scheinleben galvanisiert [...]

Das schöpferische Leben! Aufstieg. Über sich selbst hinaus. Aufsteigen ins Blaue, nach fliegenden Leitern greifen, in höheren Regionen schweben, emporrauschen, die Welt an den Haaren hochziehen, die Engel von ihren ätherischen Lagerstätten aufrütteln, eintauchen in astrale Tiefen, sich an Kometenschweife klammern.

Bürger, schont eure Anlagen

Erich Kästner, 1899–1974

Arbeit läßt sich schwer vermeiden,
Und sie ist der Mühe Preis
Jeder muß sich mal entscheiden.
Arbeit zeugt noch nicht von Fleiß.

Arbeit muß es quasi geben.
Denn der Mensch besteht aus Bauch.
Arbeit ist das halbe Leben,
Und die andre Hälfte auch.

Seht euch vor, bevor ihr schuftet!
Zieht euch keinen Splitter ein.
Wer behauptet, daß Schweiß duftet,
Ist (ganz objektiv) ein Schwein.

Zählt die Arbeit zu den Strafen!
Wer nichts braucht, braucht nichts zu tun.
Legt euch mit den Hühnern schlafen.
Wenn es geht: pro Mann ein Huhn.

Manche geben keine Ruhe,
Und sie schuften voller Wut.
Doch ihr Tun ist nur Getue,
Und es kleidet sie nicht gut.

Laßt euch auf den Sofas treiben!
Gut geträumt ist halb gelacht.
Hände sind zum Händereiben.
Sprecht schon morgens: »Gute Nacht«.

Laßt die Wecker ruhig rasseln!
Zeigt dem Krach das Hinterteil.
Laßt die Moralisten quasseln.
Bietet euch nicht täglich feil.

Wozu macht ihr Karriere?
Ist die Erde denn kein Stern?
Tut, als ob stets Sonntag wäre,
Denn er ist der Tag des Herrn.

Vieles tun heißt vieles leiden.
Lebt, so gut es geht, von Luft.
Arbeit läßt sich schlecht vermeiden –
Doch wer schuftet, ist ein Schuft!

Paradies

Lew Tolstoj, 1828–1910

Die biblische Überlieferung sagt, daß das Fehlen aller Arbeit, der Müßiggang, ein Grund zur Seligkeit für den ersten Menschen bis zu seinem Sündenfall gewesen ist. Aber auch nach dem Sündenfall hat sich der Mensch von dieser Liebe zum Nichtstun nicht freimachen können; doch der Fluch lastet schwer auf ihm, nicht nur, weil er sein Brot im Schweiße seines Angesichts erwerben muß, sondern weil auch seine Seele die Eigenschaft besitzt, keinen Frieden finden zu können, wenn er dem Müßiggang frönt. [...] Eine innere Stimme sagt uns, daß wir uns schuldig machen, wenn wir die Hände in den Schoß legen. Wenn der Mensch einen Zustand ausfindig machen würde, in dem er dem Müßiggang huldigen und gleichzeitig das Be-

Blick in dein Inneres! Dort ist die Quelle des Guten, und wenn du immer nachgräbst, kann sie immer hervorsprudeln.

Marcus Aurelius Antoninus, 121–180

Der Weg zu allem Großen geht durch die Stille.

Friedrich Nietzsche, 1844–1900

wußtsein haben könnte, sich dadurch nützlich zu machen und seine Pflicht zu erfüllen, so hätte er einen Teil seines ehemaligen paradiesischen Glückes wiedergefunden.

Statt eines Nachwortes

Der Faulheit ein Buch zu widmen, ist eigentlich paradox, denn es setzt zumindest ein gewisses Maß an mit dem Thema unvereinbar erscheinender Arbeit voraus. Aber gerade diesem vermeintlichen Widerspruch will der vorliegende Band nachgehen: Daß nämlich bewußter Müßiggang nicht gleichzusetzen ist mit dumpfer Untätigkeit. »Beim Nichtstun bleibt nichts ungetan«, betonte schon vor fast zweieinhalbtausend Jahren der chinesische Philosoph Lao-tse, nachfolgend bestätigt vom vorchristlichen römischen Politiker und Schriftsteller Marcus Porcius Cato: »Niemals ist man tätiger, als wenn man dem äußeren Anschein nichts tut.«

Als ich mich vor längerer Zeit diesem Thema zu nähern begann, brachte ich dafür die denkbar schlechtesten Voraussetzungen mit: rund siebzig in elf Sprachen erschienene Bücher, mehr als tausend Presseveröffentlichungen in über vierzig Ländern aller Kontinente, Beiträge für Funk, Film und Fernsehen, Ausstellungsarbeiten von Indien bis Island, Kanada bis Frankreich – ein Dauersprint im Hamsterrad also, nicht zuletzt auf Kosten der Familie, irgendwann einmündend in die verunsichernde Frage nach dem Sinn und nach dem Preis, zumal sich im Abstand der Jahre ein eigenverordneter Arbeitszwang als Selbsttäuschung entlarvte. Manches, so mußte ich mir eingestehen, wäre verzichtbar gewesen, ohne jeden Verlust an Lebensqualität. Im Gegenteil.

Der argentinische Autor Jorge Luis Borges wird wohl ähnlich empfunden haben, als er kurz vor seinem Tode schrieb: »Wenn ich mein Leben noch einmal leben könnte, im nächsten Leben, würde ich versuchen, mehr Fehler zu machen. Ich würde nicht so perfekt sein wollen, ich würde mich mehr entspannen. Ich wäre ein bißchen verrückter, als ich es gewesen bin, ich würde viel weniger Dinge so ernst nehmen.«

Die Arbeit an diesem Buch hat mich nachdenklich gemacht, mich bewegt und geprägt wie keine andere zuvor, hat einerseits Fragen beantwortet, andererseits immer neue aufgeworfen. Faszinierend die Begegnung mit den Weisheiten dreier Jahrtausende – aber wer hat sie wirklich gelebt? Mahnungen der bedeutendsten Denker und Dichter aller Epochen – warum blieben sie unbeachtet?

Ich setze nicht mehr auf die Kraft gesellschaftlicher Veränderungen, sondern vielmehr auf die (möglicherweise ebenso utopische) existentielle Besinnung des einzelnen auf sein *Leben*, auch wenn die Zwänge des Alltags eine Neuorientierung erschweren. Dafür aber gewinnt jede dieser individuellen Entscheidungen an sofortiger Wirkung und bedarf keiner vorläufigen Auszählung von Wählerstimmen. Und als Ergebnis wünschte ich mir, daß aus wölfischem Grinsen bald wieder ein freundliches Lächeln im Umgang miteinander würde.

Unüberschaubar ist die heutige Flut oft dubioser »Lebenshilfen« zur Selbstfindung. Ich habe dem nur einen einzigen Leittext entgegenzusetzen, in welchem ich alle im vorliegenden Band vereinten Lebensweisheiten aufgenommen und zu einem weg- und zielweisenden Programm verdichtet sehe. Es ist jene Desiderata, die lange Zeit irrtümlich auf das Jahr 1692 datiert, in Wahrheit aber erst 1927 von dem ansonsten unbekannten amerikanischen Gelegenheitsdichter, Juristen und Enkel deutscher Auswanderer Max Ehrmann (1872–1945) verfaßt wurde – eine (woher auch immer) beinahe mosaische Offenbarung, die folgerichtig als Fazit am Ende des Buches stehen soll.

Wolfgang Schneider, Frühjahr 2003

Desiderata

Geh freundlich und gelassen inmitten von Lärm und Hast
und denke daran, welcher Friede in der Stille zu finden ist.
Soweit wie immer möglich, und ohne dich selbst aufzugeben,
versuche mit allen Menschen auszukommen.
Rede von deiner Wahrheit ruhig und deutlich und hör anderen zu,
selbst wenn sie dir langweilig und unwissend erscheinen,
auch sie haben ihre Geschichte.
Geh lauten und angriffslustigen Menschen aus dem Weg,
denn sie sind eine Plage für den Geist.
Wenn du dich mit anderen vergleichst, werde nie eitel oder verbittert,
denn es wird immer Menschen geben, die mehr oder weniger können als du.
Freue dich über das, was du erreicht hast, wie auch über deine Pläne.
Behalte das Interesse an deiner Arbeit, doch ohne Überheblichkeit,
denn dein Tun und Handeln sind ein wahrer Besitz unter all den Dingen,
deren Wert mal zu-, mal abnimmt.
Sei vorsichtig bei deinen Geschäften, denn die Welt ist voller List.
Werde aber dadurch nicht blind gegenüber der Tatsache,
daß es viele Menschen gibt, die noch Ideale haben und sie zu verwirklichen trachten.
Sieh auch, daß es überall im Leben noch echte Tapferkeit gibt.
Sei du selbst.
Vor allem täusche nicht Zuneigung vor noch werde zynisch, was die Liebe angeht,

denn trotz aller Erstarrung und Entzauberung, die du um dich siehst,
lebt sie ewig fort wie das Gras.
Beuge dich freundlich dem Rat der Jahre
und gib mit Anmut jene Dinge aus der Hand, die der Jugend vorbehalten sind.
Erhalte dir die Schärfe deines Verstandes,
denn sie vermag dich vor plötzlichem Unglück zu bewahren.
Aber laß dich nicht fallen in ständiges Grübeln.
Viele Ängste sind nur eine Ausgeburt von Müdigkeit und Einsamkeit.
Nichts gegen eine gewisse Disziplin, im übrigen aber sei freundlich mit dir selbst.
Du bist ein Kind des Universums,
nicht anders als der Baum vor der Tür oder der Stern am Himmel.
Du hast ein Recht darauf, hierzusein.
Und ob es dir nun klar ist oder nicht:
Das Universum entfaltet sich seiner Bestimmung gemäß.
Deshalb lebe in Frieden mit Gott, für was immer du ihn halten magst,
und was immer deine Arbeit und dein Streben sein mögen
in der lärmerfüllten Verirrung des Lebens.
Halte Frieden mit deiner Seele.
Trotz aller Täuschungen, Plackereien und aller zerbrochenen Träume
ist es immer noch eine wunderbare Welt.
Sei bedacht. Strebe danach, glücklich zu sein.

»Sei bedacht. Strebe danach, glücklich zu sein.«

Für mich als Tochter Wolfgang Schneiders haben die *Desiderata*, die als Fazit am Ende dieses Buches stehen, niemals eine solche Bedeutung gehabt wie für meinen Vater. Auch das ist jetzt anders.

Er hat sich verändert durch die Arbeit an der *Enzyklopädie der Faulheit*. Ist gelassener geworden, freundlicher mit sich selbst und im Umgang mit den anderen. In seinen Kalender schrieb er: »Es ist nicht das größte, nicht das spektakulärste, vielleicht auch nicht das schönste, mit Sicherheit aber mein wichtigstes, weil eine persönliche Lebensbilanz vollziehendes Buch – ich bin weise geworden – und das soll auch der Wunsch für die Leser sein« und: »Ich schreibe kein Buch mehr – der Weisheit höchster Schluß ist erreicht – kein anderes Buch vereint so viel Weisheit aus drei Jahrtausenden. Alles Folgende wäre Verwässerung – ich habe keine Zeit dafür: Es gibt Wichtigeres, nämlich das, was geschrieben, ganz persönlich zu leben!«

Er hat es nicht mehr geschafft, dies zu leben. Am 4. April 2003, zwei Wochen nach Abgabe des Manuskripts an den Verlag, kam mein Vater bei einem Verkehrsunfall ums Leben.

Und so ist es tatsächlich sein letztes Buch geworden. Ein Buch, das Vermächtnis sein wird für die, die bleiben, für die, die sich von der Hektik unserer Zeit gefangennehmen lassen und sich vielleicht einmal wie er die Frage stellen müssen, was bleiben wird – was bleiben sollte.

Er selbst fand die Antwort. In jenen Desiderata, mit denen er sich seit Jahren auseinandersetzte.

Und so wünsche auch ich mir, daß wir alle für uns selbst die Antworten finden werden, die uns zu ein wenig mehr

Verstehen helfen, zu ein wenig mehr Gelassenheit und Leben.

»Einfach Mensch sein, einfach leben. In die Luft gucken, die Sonne sehen, Blumen erblicken und in der Nacht die Sterne, Kindern zuschauen, lachen, spielen; tun, was Freude macht; träumen, die Phantasie spielen lassen, zufrieden sein: Das Leben wird ein Fest.« (Phil Bosmans)

Oder mit Maxie Wander: »Wann, wenn nicht jetzt?! – es ist schon später, als du denkst.«

Sandra Hering

Anhang

Literaturverzeichnis

Altemöller, Eva-Maria: Seelenruhe. München 2001

Arendt, Hannah: Vita activa oder: Vom tätigen Leben. München 2002

Asholt, Wolfgang, und Walter Fähnders (Hg.): Arbeit und Müßiggang 1789 bis 1914. Dokumente und Analysen. Frankfurt / M. 1991

Axt, Peter, und Michaela Axt-Gadermann: Vom Glück der Faulheit. Langsame leben länger. München 2001

Bayr, Rudolf: Brevier für Müßiggänger. Salzburg 1968

Beer, Ulrich: Lebenskunst und Lebensfreude. Ein kleines ABC. Würzburg 2002

Benz, Ernst: Das Recht auf Faulheit oder Die friedliche Beendigung des Klassenkampfes. Lafargue-Studien. Frankfurt/M., Berlin, Wien 1983

Bloch, Ernst: Stachel der Arbeit, aus: Spuren, © Suhrkamp Verlag, Frankfurt / M. 1985

Böll, Heinrich: Anekdote zur Senkung der Arbeitsmoral, aus: Erzählungen, © Verlag Kiepenheuer & Witsch, Köln 1994

Bergmann, Fabian (Hg.): Heute Zeit haben. Freiburg im Breisgau, Basel, Wien

Braig, Axel und Ulrich Renz: Die lange Geschichte der Arbeit und die kurze Geschichte ihrer Verherrlichung, aus: Die Kunst, weniger zu arbeiten, Argon Verlag, Berlin 2001

Cioran, E. M.: Banalität und Verklärung, aus: Auf den Gipfeln der Verzweiflung, © Suhrkamp Verlag, Frankfurt / M. 1989

Conrad, Joseph: Der Geheimagent, aus: Der Geheimagent. Eine einfache Geschichte. Aus dem Englischen von Richard

Danehl, © S. Fischer Verlag GmbH, Frankfurt / M. 1984

Dischner, Gisela: Friedrich Schlegels Lucinde und Materialien zu einer Theorie des Müßiggangs. Hildesheim 1980

Droege, Heinrich (Hg.): Faulheit adelt. Texte gegen das herrschende Arbeitsethos. Frankfurt / M., Wien 2000

Ehmann, Hermann: Kreatives Nichtstun. Lassen Sie die Seele baumeln. Landsberg 1998

Forster, Karl: Lob der Hängematte. Freiburg im Breisgau, Basel, Wien 2001

Geißler, Karlheinz A.: Wart' mal schnell. Minima temporalia. Stuttgart, Leipzig 2002

Geißler, Karlheinz A.: Zeit – verweile doch ... Lebensformen gegen die Hast. Freiburg im Breisgau, Basel, Wien 2000

Haubrich, Yvonne: Das Sofa-Universum. Von klassischen Müßiggängern und modernen Couch-Potatoes. Hamburg 2001

Hesse, Hermann: Die Kunst des Müßiggangs, aus: Die Kunst des Müßiggangs, © Suhrkamp Verlag, Frankfurt / M. 1973

Heintel, Peter: Innehalten. Gegen die Beschleunigung – für eine andere Zeitkultur. Freiburg im Breisgau, Basel, Wien 2000

Hofmann, Inge: Faulheit ist das halbe Leben. Wer langsam lebt, bleibt lange jung. München 2000

Huck, Gerhard (Hg.): Sozialgeschichte der Freizeit. Untersuchungen zum Wandel der Alltagskultur in Deutschland. Wuppertal 1980

Jung, Jochen (Hg.): Lob der Faulheit. Literaturalmanach 1986. Salzburg, Wien 1986

Kast, Verena: Vom Interesse und dem Sinn der Langeweile. Düsseldorf, Zürich 2001

Kästner, Erich: Bürger, schont eure Anlagen, aus: Lärm im Spiegel, © Atrium Verlag, Zürich und Thomas Kästner

Klassiker der philosophischen Lebenskunst. Von der Antike bis zur Gegenwart. Ein Lesebuch. München 2000

Kierkegaard, Sören: Ein wahrhaft glückliches Leben, aus: Entweder – Oder, © für die Übersetzung von Heinrich Fautek: Deutscher Taschenbuch Verlag, München

Klopfleisch, Reinhard: Die Pflicht zur Faulheit. Freizeit zwischen Streß und Muße. Düsseldorf, Wien, New York 1991

Küng, Emil: Schöpferische Muße, aus: Arbeit und Freizeit in der nachindustriellen Gesellschaft, © J. C. B. Mohr (Paul Siebeck), Tübingen 1971

Kusenberg, Kurt: Lob der Faulheit. Frankfurt/M. 1955

Lafargue, Paul: Das Recht auf Faulheit. Widerlegung des Rechts auf Arbeit 1848, 1880, Wien, Verlag Monte Verita 1988

Li, Zhi-Chang: Setz dich hin und tue nichts. Das Buch der Entspannung. München 2002

Lichtenauer, Karin (Hg.): Schenk dir eine Pause. Freiburg im Breisgau, Basel, Wien 2001

Mehrmann, Heinrich: Mut zur Faulheit. Attacken gegen zuviel Fleiß, geritten von berühmten Faulen. München 1987

Miersch, Michael: Von Natur aus faul. Es gibt nur ein Arbeitstier – den Menschen, Brigitte, Heft 5, Hamburg 1994

Miller, Henry: Sich an Kometenschweife klammern, aus: Sexus. Deutsche Übersetzung von Kurt Wagenseil, © 1970 by Rowohlt Verlag GmbH, Reinbek bei Hamburg

Mühsam, Erich: Weltjammer, aus: Gedichte, Verlag europäische Ideen, Berlin 1983, © Erich-Mühsam-Gesellschaft, Lübeck

Neruda, Pablo: Ode an die Faulheit, aus: Das lyrische Werk II, hrsg. von K. Garscha, © 1985 by Nachlaß von Pablo Neruda, Das lyrische Werk, deutschsprachige Ausgabe erschienen im Luchterhand Literaturverlag, einem Unternehmen der Verlagsgruppe Random House GmbH

Nichts tun. Vom Flanieren, Pausieren, Blaumachen und Müßiggehen. Begleitbuch und Katalog zur Ausstellung. Wien 2000

Nietzsche, Friedrich: Muße und Müßiggang, aus: Die fröhliche Wissenschaft. Viertes Buch. Verlag de Gruyter, Berlin

Pascal, Blaise, Das Glück der Ruhe, aus: Gedanken, übersetzt von Ewald Wasmuth.

Plattner, Ilse E.: Sei faul und guter Dinge. Vom Sinn und Unsinn des Erfolgsstrebens. München 2000

Prause, Gerhard: Genies in der Schule. Legende und Wahrheit über den Erfolg im Leben. Düsseldorf 1996

Prévert, Jacques: Die verlorene Zeit, aus: Gedichte und Chansons. Deutsche Übersetzung von Kurt Käsenberg. © 1962 by Rowohlt Taschenbuch Verlag GmbH, Reinbek bei Hamburg

Richter, Anke: Aussteigen auf Zeit. Das Sabbatical-Handbuch. Köln 2002

Ringelnatz, Joachim: Sommerfrische, aus: Das Gesamtwerk in sieben Bänden, Band 2, hrsg. von Walter Pape, © 1994 by Diogenes Verlag AG Zürich

Roth, Eugen: Leib und Seele / Allzu eifrig / Manager / Das Riesenfaultier, aus: Sämtliche Menschen. Ein Mensch. Mensch und Unmensch. Der letzte Mensch, Carl Hanser Verlag, München und Wien 1983

Russell, Bertrand: Lob des Müßiggangs, aus: Lob des Müßiggangs (aus dem Englischen von Elisabeth Fischer-Wernecke), © Paul Zsolnay Verlag Wien 1957

Saint-Exupéry, Antoine de: Der Kleine Prinz, aus: Der Kleine Prinz, © 1950 und 1998 Karl Rauch Verlag Düsseldorf

Schnack, Gerd, und Hermann Rauhe: Topfit durch Nichtstun. München 2001

Schultz, Joachim, und Gerhard Köpf (Hg.): Das Insel-Buch der Faulheit. Frankfurt / M. 1983

Seiwert, Lothar J.: Wenn du es eilig hast, gehe langsam. Das neue Zeitmanagement in einer beschleunigten Welt. Frankfurt / M., New York 1998

Senft, Gerhard (Hg.): Verweilen im Augenblick. Texte zum Lob der Faulheit, gegen Arbeitsethos und Leistungszwang. Wien 1995

Stark, Michael, und Peter Sandmeyer: Wenn die Seele S. O. S. funkt. Fitneßkur gegen Streß und Überlastung. Reinbek bei Hamburg 2001

Steenhouse, Andrea van, und Doris A. Fuller: Zeit für mich selbst. Erkennen, was wirklich zählt – und das Leben genießen. Reinbek bei Hamburg 2000

Stucki, Lorenz: Lob der schöpferischen Faulheit. Chancen und Gefahren der Freizeitgesellschaft in Europa und Amerika. München 1975

Stumpp, Gabriela: Müßige Helden. Studien zum Müßiggang in Tiecks »William Lovell«, Goethes »Wilhelm Meisters Lehrjahre«, Kellers »Grünem Heinrich« und Stifters »Nachsommer«. Stuttgart 1992

Tucholsky, Kurt: Morgens um acht, aus: Gesammelte Werke in 10 Bänden, hrsg. von Mary Gerold-Tucholsky und Fritz J. Raddatz, © 1960 by Rowohlt Verlag GmbH, Reinbek bei Hamburg, veröffentlicht 1975 im Rowohlt Taschenbuch Verlag

Twain, Mark: Der Samstagmorgen, aus: Tom Saywers Abenteuer, bearbeitet von Karl Heinz Berger, © Verlag Neues Leben GmbH, Berlin 1954

Unamuno, Miguel de: Plädoyer des Müßiggangs, aus: Plädoyer des Müßiggangs, © Literaturverlag Droschl, Graz und Wien 1996

Walser, Robert: Träumen, aus: Das Gesamtwerk, © Suhrkamp Verlag, Zürich, Frankfurt / M.

1978, mit Genehmigung der Inhaberin der Rechte, der Carl-Seelig-Stiftung, Zürich

Whitman, Walt: Stunden für die Seele, aus: Hummeln – Stunden für die Seele, in: Tagebuch, Leipzig Reclam jun. 1985

Walter, Rudolf (Hg.): Laß dir Zeit. Entdeckungen durch Langsamkeit und Ruhe. Freiburg im Breisgau, Basel, Wien 2001

Weber, Max: Die protestantische Ethik und der Geist des Kapitalismus, aus: Gesammelte Aufsätze zur Religionssoziologie, Bd. 1, Tübingen 1920

Wirth, Ottokar: Lob des Nichtstuns oder Die Kunst der Muße und der Faulheit. Zürich 1973

Witter, Ben: Müßiggang ist allen Glückes Anfang. Hamburg 1985

Zelinski, Ernie J.: Die Kunst, mühelos zu leben. München 2002

Wir danken allen Rechteinhabern für die freundliche Abdruckgenehmigung. Leider konnten nicht alle ermittelt werden. Wir bitten Sie daher, sich gegebenenfalls beim Verlag zu melden.

Namensregister

SERIE PIPER

Paul Watzlawick

Anleitung zum Unglücklichsein

135 Seiten. Serie Piper

Paul Watzlawicks »Anleitung zum Unglücklichsein« ist zum Kultbuch geworden. Die Geschichten, mit denen der Autor seine Leser zum Unglücklichsein anleitet – etwa die mit dem verscheuchten Elefanten –, sind inzwischen Allgemeingut. Man kann Paul Watzlawicks Buch mit einem lachenden und einem weinenden Auge lesen. Jeder Leser dürfte etwas von sich selbst in diesem Buch wiederfinden – nämlich seine eigene Art und Weise, den Alltag unerträglich und das Triviale enorm zu machen.

»Eine amüsante Lektüre für Leute, die dazu neigen, sich das Leben schwer zu machen – ohne zu wissen, wie sie das eigentlich anstellen. Ein Lesevergnügen mit paradoxem Effekt. Das Nichtbefolgen der ›Anleitung zum Unglücklichsein‹ ist die Voraussetzung dafür, glücklich sein zu können.«

Brigitte

05/1238/03/L

Claudia Leins

Glück fürs ganze Jahr

155 Seiten. Serie Piper

Der Neujahrsspaziergang im glitzernden Schnee, wieder erwachende Frühlingsgefühle und der erste Biß in noch warmes Ostergebäck, der Duft reifer Erdbeeren, die träge Glückseligkeit eines Sommertages, Grillabende unterm Sternenhimmel und Herbststimmung mit leuchtend buntem Laub – das Glück hat viele Gesichter, Farben und Gerüche. Claudia Leins öffnet uns die Augen für die kleinen Glücksmomente und die Magie des Alltags. Sie lädt ein, jeden Monat bewußt zu erleben und zu feiern. Ein Lesegenuß für alle Sinne, bei dem einem ganz warm ums Herz wird.

»In jeder Minute, die du im Ärger verbringst, versäumst du sechzig glückliche Sekunden deines Lebens.«

Albert Schweitzer

05/1380/01/R